きへん
写真　野呂希一
文　池藤あかり
青菁社

第1章
木のすがた

第2章

木のかたち

木のかたち——56

機・械・桛——58
樋・梃・槌・栓・橇・樏——59
樽・桶——60
槽・枡・概・椀・杯——61
校・材——62
机・椅・棚・検——63
柵・枠・杭・杙——64
檻・横——65
橋——66
桟・構・梯・欄——67
柱・棟——68
梁・桁・桷・框・棁——69

板・札——70
枚・束・楯・棋・楔・槍——71
朽・柩・棺・櫃——72
梢・枕・杵・柄——73
楼・櫓——74
杢・枢・枘——75
極・楽——76
模・様・権・格——77
村・棲・栖——78
巣・栽・樵・杣・業——79
案・架——80
棒・棹・杖・標・栞——81
朱——82
栄・染・柔——83

東——84
末・未・来・本——85
索引——88
参考文献——94
奥付——96

【本書について】

■本書では、きへんの漢字を選び、字の意味やそれにまつわる小話、関連する熟語を集めました。

■文字タイトルの読みは、一般的に使う呼び方を優先しました。訓読みはひらがなで、音読みはカタカナで表記しました。

■字の意味や熟語についての記述はさまざまな資料に基づいていますが、最終的には編者の解釈によってまとめたものです。

■縦組の文章は池藤が、図版下の横組の文章は野呂が担当しました。

北海道美瑛町

三諸《みもろ》は　人の守る山
本辺《もとべ》には馬酔木《あしび》花咲き
末辺《すえべ》には椿花咲く
うらぐはし山ぞ　泣く子守る

『万葉集』

泣く子をあやすように人が守り　大切にする美しい山
三諸《みもろ》は神奈備《かんなび》　すなわち神の宿る森
照葉樹が常世に緑を艶めかせ
人々がそれを神のいますところと信じる

そう信じて
太古より
私たちの祖先は
生きる糧を森で得てきました

木の実から食べ物をとって
伐って家やさまざまな道具を作り
恵みを与えてくれる木に感謝し
再び木を植える

今も国土の七割を森林が占める　この地は
長い年月　そういったことを繰り返して作られたもので

この地にしっかりと根を張る
私たちもまた
受け継がれた森とともに生きています

そんな森を
ことばの世界から　見つめてみることにしましょう

森をなす木々の
それぞれにつけられた名前
由来や人々の智恵や秘密めいたこと

散歩道にある木や
電車越し　遠目にやり過ごす木が
きっと面白い話をしてくれるでしょう

その木一本一本が
人との長い道のりを経て
その場所に生きて
あなたと出会っているのでしょうから

北海道北斗市

第1章

木のすがた

牧場のシナの木　北海道北斗市

木

きこ
モク
ボク

地に根を下ろし、天へ枝と幹を伸ばす木の形。「生《いき》」が語源。呼吸の「息」の語源もまた「生《いき》」。

【埋れ木】うもれぎ
久しく土砂などの中に埋もれていて半ば炭化した木。千年以上前の埋れ木は神代木《じんだいぼく》という。

【花木】かぼく
美しい花の咲く木。花樹。

【木香】きが
日本酒に移った杉材の樽の香。吉野杉の木香が酒の味を芳醇にするとして、特に喜ばれた。

【木耳】きくらげ
枯れ木に生える茸の名。人の耳に形が似る。和名は水母《くらげ》に似た感触があることから。

【啄木鳥】きつつき
コゲラ、アカゲラなどキツツキ科の鳥の総称。鋭いくちばしで幹に穴をあけて昆虫を捕まえる。古くは寺啄《てらつつき》。江戸時代に、きつつきと呼ばれるようになった。

【木で鼻を括る】きではなをくくる
無愛想にもてなすこと。古くは「木で鼻をこくる」。「こくる」は手荒くすりつけること。「こくる」の語があまり用いられなくなり、後に「くくる」が誤用された形で定着した。

【木遣】きやり
重い材木などを多人数で音頭を取りながら運ぶこと。また、運ぶ時に歌う労働歌。

【木を見て森を見ず】きをみてもりをみず
細かい点にばかり注意して全体を見ないこと。

【高木】こうぼく
樹木のうち、丈が二メートルを越え、太い幹があり、その下を人が歩いて通ることができるもの。喬木《きょうぼく》。

【木霊・木魂】こだま
木の精霊。山や谷などで反響する音。

【小高木】しょうこうぼく
低木ほどの背丈で、はっきりした幹をもつもの。

【低木】ていぼく
樹木のうち、高さが人間の背丈よりも低く、幹と枝との区別がはっきりしないもの。灌《かん》木《ぼく》。

【木偶】でく
木彫りの人形。役に立たない人。木偶の坊。

【常磐木・常盤木】ときわぎ
杉、松などのように年中その葉が緑色をしている樹木。常緑樹。

【木石】ぼくせき
木と石。転じて、非情な人間のたとえ。

【窓木】まどぎ
枝や幹がくっついて円形の空間を作っている木。山の神の木として禁伐樹とする地方がある。

【木乃伊】ミイラ
エジプトなどで防腐剤として死体に詰めた薬品。没薬《もつやく》またミルラともいい、アラビアやアフリカ産の植物から得られるゴム質の樹脂が原料。これが転じて、死体が腐敗せずに乾燥して原形に近い状態で残っているものについても、「ミイラ」というようになった。

【御衣木】みそぎ
神仏の像の材に用いる木。

【木菟】みみずく
梟《ふくろう》と同類で、耳のように見える飾り羽を持つもの。もともと「つく」と呼んでいた。「つく」は突き出している耳羽から。

【木阿弥】もくあみ
（戦国時代に筒井順昭が病死した時、声の似ていた盲人の木阿弥を順昭の替え玉にしてその場をしのぎ、死を公にできる段になって、木阿弥がもとの市人に戻ったという故事から）一度良くなったものが、再びもとの状態に戻ること。元の木阿弥。

林

はやし
リン

木が並び立ったさまから、林のこと。育成する意の「生やし」が語源であり、人工的に作られた樹林の意味合いもある。

【魚付林】うおつきりん
魚群を集める目的で設けられた海岸沿いの森林。

【海底林】かいていりん
海底の森。富山県には縄文の森が海底に沈んでいる。

【酒林】さかばやし
杉の葉を束ねて球状にし、軒先にかけて酒屋の看板としたもの。また、その店。杉玉《すぎだま》。酒帚《さかぼうき》。杉を用いるのは、酒壺を「みわ」といい、酒の神を祀る大神《おおみわ》神社で、杉を神木とする縁からという。

【神宮備林】じんぐうびりん
裏木曽にある、伊勢神宮の式年遷宮の用材のために守られてきた檜《ひのき》の林。樹齢は三五〇年。尾張藩が伐採を禁じる留山《とめやま》制度、いわゆる「檜《ひのき》一本首一つ」という厳罰を敷いたことで知られる（実際に首を斬られた例はない）。

【二次林】にじりん
伐採した後に植林せず放置したまま、二次的にできる森。もともと常緑広葉樹林だった森が二次林化すると、ブナ科の落葉広葉樹林に替わる。これらは良質の炭や薪がとれるため、人々は積極的に伐採を始める。切り株からは蘖《ひこばえ》が出て、再生する。伐採と再生を適切に繰り返せば落葉広葉樹林であり続ける。

ブナ林の二次林　青森県青森市・八甲田山

新緑の森　北海道函館市

森

もり
シン

「木」を三つ組み合わせた形で、森のこと。樹木が群がり茂っているところから、身の引き締まるさま、おごそかな意に用いる。「盛り」が語源とされる。

【森厳】しんげん
厳粛であるさま。

【森羅殿】しんらでん
閻魔大王の御殿。

【森羅万象】しんらばんしょう
宇宙に存在する全てのもの。「森羅」は無数の樹木が茂り連なる意、「万象」は全ての形の意。

杜

もり
ト
ズ

「杜《もり》」は、神域の木々のことで、「サカキ」と読む例もある。古くは、神の鎮座する社《やしろ》や神社のことを「もり」と読んだ。神はもと聖なる木や森を依り代としており、そのもとに次第に社殿が造られ、社《もり》は、「屋代《やしろ》」の意の「社《やしろ》」と読むようになった。

【杜撰】ずさん
いい加減なこと。宋の杜黙《ともく》の詩が多く律に合わなかったという故事に基づく。

【杜氏】とうじ・とじ
酒造りの職人。

2万5000本のヤブツバキ群生林　山口県萩市・笠山

椿

ツバキ科・ツバキ属

つばき
チン

和名はてらてらと光沢のある葉「艶葉木《つやばき》」から。バラけない花の形が刀の鍔《つば》に似ているところから「鍔木《つばき》」という語源説があるのも見逃せない。

中国の「椿（チン、チュン）」は、全く別のセンダンの仲間をさすため、ツバキを「椿」と書くのは国字。国字に音読みはないのに、椿を「チン」と読むなど、何かと混乱がある。

山野に自生する藪椿《やぶつばき》は日本原産で、学名はカメリア・ジャポニカ。この油は中国では不老不死の薬の一つとされたという。

材は堅くて緻密なことから印鑑、パイプ、楽器や将棋の駒などに使われている。

榊

ツバキ科・サカキ属

さかき

神の依り代として、玉串など神事に用いられるツバキ科の常緑小高木。古くは、照葉樹を広くいったという。「栄木《さかき》」とも書いたが、照葉樹のなかでもこの植物が後に多用されることになったことから、「榊」という国字が作られたとされる。さかきの「さか」は境の意で、神の降臨する場所を示すという説もある。

ヒサカキ（姫榊）　東京都・新宿御苑

ツルシキミとユズリハ　北海道厚沢部町

樒

しきみ
ミツ

シキミ科・シキミ属

葉、幹ともに芳香があり、実は有毒。土葬の際はこれを土の中に挿して、また棺の中に入れて死体を獣類から守るのに用いたという。

　樹皮や葉から抹香や線香を作り、材は数珠などにする。仏事に使われるため、「梻」の国字もある。

柾

まさき
まさ

ニシキギ科・ニシキギ属

国字。和名はいつも青々と葉を茂らせていることから「真青木《まさおき》」が変化したともいわれる。海岸の海辺に自生するほか、生活力が旺盛で萌芽力に富む。土地を選ばず移植がたやすいことから生け垣や公園樹として植えられる。

柘植

つげ

ツゲ科・ツゲ属

「黄楊」とも書き、材は黄味を帯びて美しい。英語ではボックスツリーと呼ばれ、西洋家具の装飾材にする。緻密で狂いが少ないため、日本では、櫛や版木、算盤の玉などに用いる。

　柘植製の櫛は万葉の昔から使われた。女の髪に櫛を挿すことはその女を妻とすることで、櫛を投げ捨てることは別れを意味した。浦島太郎が乙姫から渡された玉手箱は「玉櫛笥《たまくしげ》」で、櫛などを入れる化粧箱のこと。

マサキの実　青森県弘前市

楪

ゆずりは

ユズリハ科・ユズリハ属

国字。「譲葉《ゆずりは》」とも書くように、楪の古い葉は、春先に新葉が出たのを見届けてから、跡を譲るようにして落葉する。それが繰り返され永続することのめでたさや、また歳を譲るという意味を込めて、鏡餅などの正月飾りにする。

柊

ひいらぎ
シュウ

モクセイ科・モクセイ属

ひりひりと痛む意の「疼《ひいら》ぐ」に基づいた名。「疼木」とも書き、「柊」はその略字とされる。光沢のある葉の縁にとげ状のぎざぎざがあり、このとげが邪気を追い払うと考えられ、節分にこの枝と鰯の頭を戸口に挿す。

ヒイラギ　東京都・国立自然教育園

湯河原梅林　神奈川県湯河原町

梅

うめ
バイ

バラ科・サクラ属

「梅」の右側の字「毎（バイ）」は、豊かな髪をのせた女性を象った字。「母《はは》」の意味と次々と子を生み殖やすイメージのある字で、母が子を生むように、多くの実を生らせる木の意味から「梅」。和名は、中国語の発音「ムエイ」を、日本人がウメと聞いたことによる。他の果樹にさきがけて花を開くので、「花魁」の別名もある。日本では「おいらん」と読んで位の高い遊女のことをいう。

『魏志倭人伝』に梅の記述が既にあるように、梅は古く水田稲作とともに渡来したとされる。もともとは鑑賞用ではなく梅の実を調味料や薬として使うために、栽培されていたようだ。

実用性が重んじられていた梅を、「梅の花夢に語らくみやびたる」と、花を愛でたのが万葉びと。後の平安びとは、「色よりも香こそあはれ」と香りを讃えた。

【荒梅雨】 あらつゆ・あれつゆ

梅雨の後期。荒れて集中豪雨になることもある。

【烏梅】 うばい

梅の実を煙で燻したもので、薬用や染色用に古くから用いられた。今も奈良の月ヶ瀬で作り継がれ、御水取りの紙椿の染色に欠かせない。

【塩梅】 あんばい

塩と梅酢で味を調えること。転じて、物事のほどあい。加減。

桜 さくら オウ

バラ科・サクラ属

桜の旧字は「櫻」。「嬰（エイ、オウ）」は、生まれたばかりの女児に、貝を綴った首飾りの呪具をつけた形。

「櫻」は、そんな貝の首飾りのような実の生る木をさす。中国ではユスラウメのことだが、日本では桜。自生する山桜は遥かなる古代に日本に生まれ、園芸品種の里桜は染井吉野を筆頭として、日本人の手で数々生み出されてきた。

咲くもめでたし散るもめでたきと、日本人は桜に心を奪われながら生きる。花といえば桜。日本の国花。

【桜唇】おうしん
美人の唇の小さく美しいさまを桜にたとえたもの。

【桜魚】さくらうお
桜の咲く頃にとれる魚。小鮎《こあゆ》、公魚《わかさぎ》をいう。

【桜紙】さくらがみ
反故紙を漉きかえした、小判の薄い和紙。鼻紙などに用いる。

【桜肉】さくらにく
（桜色をしていることから）馬肉。

【桜人】さくらびと
桜の花を眺める人。花人。

【桜干し】さくらぼし
味醂《みりん》干しの別称。ほんのりと色づくことからこの名がある。

【桜湯】さくらゆ
塩漬けの桜の花に湯を注いだ飲物。「茶を濁す」といって、茶を用いるのを忌む祝儀の席などに用いる。

花見山公園　福島県福島市

モモ　山梨県笛吹市

桃

バラ科・サクラ属

もも
トウ

中国の殷の人々は亀の甲羅や動物の骨を焼き、その割れ方をみて吉凶を卜《うらな》ったという。左右に割れたひびの形を描いたのが「兆」。「桃」の字は、核がぽんと二つ割れる姿から「木」と「兆」を組み合わせて作られた。

【桃尻】 ももじり

（桃の実は丸くて座りが悪いことから）馬に乗るのが下手で、尻に鞍が落ち着かないこと。

【桃の節句】 もものせっく

雛祭。中国では、桃の実は女性のシンボルでもあり、桃花《とうか》水《すい》を飲んで長命を得たという古い伝説もある。雛祭に飾る桃の花も、中国の謂れにならった祈りが込められている。

扁桃

バラ科・サクラ属

アーモンド

明治初年に渡来。果実が桃に似て形が偏ることから、もと「偏桃」と書いた。果肉は薄く食用にならず、仁《じん》（核の中にある種子のこと）が利用される。巴旦杏《はたんきょう》。アメリカのカリフォルニア州などで盛んに栽培される。

アーモンド　京都府京都市・平野神社

スモモ　山梨県甲府市

李

バラ科・サクラ属

すもも
リ

「木」と「子」を組み合わせた字の通り、中国では豊かに実がなることから、女性が子宝に恵まれること、子孫繁栄のシンボルとみなされた。実は酸味が強く、妊婦のつわりをおさえ、安産を助ける。和名も「酸桃《すもも》」が語源。

【行李】こうり

「行李」はもともと中国語で使者の意味。転じて、旅の身支度や荷物の意味となり、後に、荷物を入れる箱をさすようになった。竹や柳で編んで作られる。

【李下に冠を正さず】りかにかんむりをたださず

スモモの木の下で曲がった冠を直そうと手を上げると、実を盗んでいると疑われる恐れがあることから、人から疑われるようなことはすべきでないという戒め。

杏

バラ科・サクラ属

あんず
キョウ

中国原産で、平安時代には渡来。アプリコット。種は「杏仁《きょうにん》(あんにん)」といい、干したものは咳止めの薬になる。

【銀杏】ぎんなん

公孫樹《いちょう》の種子。種子の形が杏に似ていることと、種皮が灰白色であることから「銀杏」の字を当てた。

アンズ　京都府京都市・府立植物園

果

はたす
はて
カ

木の上に果実のある形。木の実、果物の意を表わし、転じて、なしとげる意。

【無花果】いちじく

花がないのに果実ができると考えられてこの字がある。もちろん花は咲くが、実の中に咲くので見た目にはわからない。和名はペルシャ語に由来。実は便秘に効果があるとされる。

【果報】かほう

運がよく幸福なさま。

【果物】くだもの

(木《く》の物の意から)、草や木になる食用の果実。フルーツ。

【結果】けっか

植物が実を結ぶこと。結末。

【果敢無い】はかない

実現するあてがなく頼みにならない。むなしい。「果無い・儚い」とも書く。

馬酔木《あしび・あせび》

木通《あけび》

木瓜《ぼけ》

木天蓼《またたび》

宗櫚《しゅろ》

木槿《むくげ》

宿木《やどりぎ》

漂木《ひるぎ》

浜木綿《はまゆう》

桔梗《ききょう》

木蓮《もくれん》

木賊《とくさ》

夜明けのポプラ　北海道函館市

柳　楊

柳　やなぎ　リュウ

楊　やなぎ　ヨウ

ヤナギ科・ヤナギ属

「柳」の右の字の「卯」には、するすると流れのままに垂れる意がある。「楊」の右の字の「昜」は、高くあがる意を持つ。意味の違いから、「柳」は下に垂れ下がる枝垂柳《しだれやなぎ》、「楊」は、枝が堅く上に伸びる川楊《かわやなぎ》の類と区別するが、「柳楊」で「やなぎ」とも読み、川楊《かわやなぎ》は猫柳《ねこやなぎ》ともいうので、ややこしい。

枝垂柳《しだれやなぎ》は中国原産。平安京の街路樹は、唐の都長安にならって枝垂柳《しだれやなぎ》が用いられた。猫柳《ねこやなぎ》をはじめ多くは湿地に生え、繁殖力が旺盛。生命力のシンボルとして、正月に餅花を結んだり、柳箸《やなぎばし》で雑煮を食べたりして、無病息災を祈る。

【柳葉魚】ししゃも

海水魚の名。アイヌ語の「柳葉《ススハム》」が語源で、散りゆく柳の葉を神が哀れんで魚にしたという伝説にちなむ。

【西洋箱柳】せいようはこやなぎ

ポプラ。花言葉は「嘆き・過敏」で、ポプラに「震える」という意味があったことに由来するという。日本では、かすかな風にも揺れ、葉が擦り合ってさわさわと音を鳴らすことから「山鳴らし」の別名がある。

【爪楊枝】つまようじ

楊枝。元は「総楊枝」と呼ばれ、仏家の具であったという。材は主に箱《はこ》柳《やなぎ》や泥木《どろのき》で、マッチの軸木や弾薬箱などの材にもなる。

エゾノカワヤナギ　北海道ニセコ町

シダレヤナギ　岐阜県海津市

榛

はん
はしばみ
シン

カバノキ科・ハンノキ属

原野の湿地や河岸、湖畔に多いカバノキ科の落葉高木。学名の「アルヌス」はラテン語の「水辺に栄える」という言葉がもとになっているという。

和名は古く「はり」といった。「新墾《にいはり》」の「墾《はり》」で、榛の木の育つ所は水田に適し、この木を目印に開墾したことによるという。水を好む性質を生かして、田の畦に植えて「稲架木《はさぎ》」に利用される。

【榛蕪】しんぶ
雑木、雑草が生い茂ること。邪魔者。身分の低いこと。

【榛摺】はりすり
榛の木の実や樹皮を押し付けるようにして布に色を移すこと。鼠色に仕上がる。

⿰木茂

たも

モクセイ科・トネリコ属

国字。刈り取った稲を干すための稲架木《はさぎ》として畦に植えられ、これを「田母木《たもぎ》」と称していたことから、「たも」と呼ばれるようになったといわれる。

ヤチダモは山地の谷川沿いや湿地（谷地《やち》）などに生え、材は堅く加工しやすいので建築、船舶材、また北海道の鉄道防風（防雪）林として用いられる。

アオダモは山地の肥沃地に生え、名は樹皮を水に浸けると青変することにちなむ。材は堅く緻密なので野球のバットやスキー板、家具などに利用される。

木材関係ではハルニレのことをアカダモという。

梣

とねりこ
シン

モクセイ科・トネリコ属

山地の湿地に生え、田の畦に「稲架木《はさぎ》」として植えられる。和名は、写経などの際、樹皮を煮詰めて墨と共に練り、墨の色落ちを防ぐ「共練濃《とねりこ》」からといわれる。樹皮はまた「秦皮《しんぴ》」といい漢方薬になる。

トネリコの稲架木（はさぎ）　新潟県新潟市

コウゾの花　秋田県東成瀬村

楮《こうぞ》《チョ》　梶《かじ》《ビ》

クワ科・コウゾ属

同じクワ科で、樹皮を和紙の原料にする。楮を「かじ」とも読むように、もともと両者は区別されておらず、シーボルトは混同して、楮の学名をカジノキとした。楮はそもそもカジノキとヒメコウゾの雑種であるとされ、栽培して紙の原料に用いるのはカジノキに近く、葉の形も良く似ているからややこしい。

楮の名は、「紙麻《かみそ》」が訛ったものとされる。中国から紙漉きの技術が伝わった当初は、麻が主に紙の原料であり、また楮を布にして使っていたことに関係すると思われる。神に供える木綿《ゆう》四手《しで》もかつては楮布《こうぞふ》であったとされ、七夕に梶の葉（※若木で三〜五裂する葉を使う）が用いられるのも、織物との縁があるからだろう。

三椏《みつまた》

ジンチョウゲ科・ミツマタ属

日本のお札の原料。中国原産で室町時代頃に渡来したが、紙の原料として三椏を栽培するのは日本のみ。「椏《また》」は、木の枝分かれした部分の意で、枝が三叉《みつまた》に分かれて生えるためこの名がある。ジンチョウゲ科で、春先には花の甘い香りが漂う。

クワの若葉　東京都八王子市

ミツマタの花　岡山県真庭市

桑
くわ
ソウ
クワ科・クワ属

「ク(食)ハ(葉)」が語源で、葉は蚕に食べさせて養蚕に用いるほか、天ぷらにもでき、果実は甘く桑酒にもなり、根は漢方薬になる。繊維は和紙の原料や織物にも使われる。

中国では古くから、牽牛《けんぎゅう》星を農事を知る基準にしたらしく、織女《しょくじょ》星を養蚕や糸、針の仕事を司る星とする信仰があり、それが日本の七夕(棚機《たなばた》)の元になったという。

【桑原桑原】くわばらくわばら
雷避けの呪文で、後に災い全般を避けるためのまじないになった。菅原道真が雷神になった後も、所領だった桑原庄に雷が落ちなかったからという語源説など、様々な言い伝えがある。

櫨
はぜのき
はぜ
ロ
ウルシ科・ウルシ属

ウルシ科の落葉高木で、実から採れる木蝋《もくろう》は、蝋燭《ろうそく》の原料となる。琉球から渡来し、本州に自生する山櫨《やまはぜ》と区別するために琉球櫨とも呼ばれる。蝋は、力士が髷《まげ》を結うのに用いる鬢付け油や、クレヨン、トナー、インクリボンなど印刷用にも利用される。

材は弾力があり、和弓の側木《そばき》(※和弓は三層構造で、中層部に竹、両側を櫨で挟み込む)に用いる。「黄櫨《はぜ》」とも書くように、初夏には黄色い小花が多数咲き、心材も鮮やかな黄色。樹皮の煎汁で染めた色は黄櫨色《はじいろ》で、赤みのさした黄色に仕上がる。

柴
しば
サイ

山野に生える小さい雑木やその枝。薪や垣などにする。

【柴犬】しばいぬ
小型の日本犬で、三角の立ち耳に太い尾、短い毛が特徴。

【柴漬け】しばづけ
茄子《なす》、胡瓜《きゅうり》、茗荷《みょうが》などを刻んで赤紫蘇の葉を入れ、塩漬けにしたもの。京都大原の名産で、女行商人の大原女《おはらめ》が柴と共に売り歩いたことからという語源説がある。

【柴の庵】しばのいおり・しばのいお
柴で壁や屋根を作った粗末な仮小屋。

ハゼ　福井県大飯町

肥沃な沢地で大木になるトチの木　北海道厚沢部町

橡
とち
とちのき
ショウ

栃
とち
とちのき

トチノキ科・トチノキ属

「象《ぞう》」がつく通り、巨大で高さ三〇メートル、直径一メートル以上にもなる落葉高木。「橡」の字はツルバミ、クヌギ、ハゼとも読む。ツルバミはクヌギの古名で、クヌギの字の「櫟」はまたイチイと読むから、木の名前は複雑極まりない。「栃」は国字。和名は花や実が多く生ることから、数の「十千《とち》」が語源で、算数で十×千は万だから「栃」の字ができたという。

　栗に似たピンポン球ほどの大きな栃の実は、栗と共に縄文時代から重要な食料とされてきた。粉にして水にさらし、サポニンなどの苦みを抜いて栃餅《とちもち》や橡麺《とちめん》などにする。花は蜜源となる。街路樹として植えられるマロニエは、セイヨウトチノキで、栗（マロン）が語源。

【栃栗毛】 とちくりげ

馬の毛色の一つ。栗毛よりもやや暗い、全身がチョコレート色の馬体。

【栃麺棒】 とちめんぼう

栃麺を作るときに生地を伸ばす棒のこと。手早くしなければ麺が伸びないことが転じて、あわてふためくことをいう。「面食らう」は、「栃麺棒を食らう」の略。

トチとブナの実　青森県十和田市・十和田湖畔

桂　かつら　ケイ

カツラ科・カツラ属

渓流沿いなどの湿った土地に多い日本特産の樹木で、樹高は三〇メートル以上、直径一メートル以上の大木が株から数本まとまって生える。ハート形の葉は秋、黄葉になるとよい香りがするため、和名は「香《か》」に由来するとされる。葉を集めて乾かし、粉末にしてお香を作る地方もあり、「お香の木」の方言もある。檀像《だんぞう》は、白檀《びゃくだん》で彫った白木の仏像のことだが、日本では手に入らなかったため、古くは桂、樟《くす》や榧《かや》などを代用した。古くから愛された木であり、早春の紫紅色の芽吹きや新緑、秋の黄葉と折々に美しい。

カツラ　秋田県鹿角市・十和田湖畔

【桂剥き】かつらむき
輪切りにした大根を帯状に薄くむくこと。能楽の衣装の「鬘帯《かつらおび》」が語源。

【桂花酒】けいかしゅ
中国酒の一つで、桂は「木犀（金木犀）」のこと。

【桂冠】けいかん
霊木の月桂樹の枝葉で作った冠。古代ギリシアでは競技の優勝者に与えられた。

【桂月】けいげつ
月のこと。

朴　ほお　ボク

モクレン科・モクレン属

幹は真っ直ぐに伸びて二〇～三〇メートルにも達し、花も葉も実も日本の落葉樹のなかでは最大級。葉は長楕円形で香りがよく、昔から食物を包むのに用いられ、「包《ほう》」が名前の由来になっている。葉に油気があるため剥がしやすいうえ、黴《かび》にくいという利点がある。材の性質は素直で加工しやすく、建物や家具、刀の鞘、また朴歯《ほおば》として下駄の歯の材料になる。

殆ど群生しない孤高の木であり、その姿が素朴や朴訥などの言葉を生んだのかもしれない。

ホオの花　北海道七飯町・大沼

【純朴】じゅんぼく
無口で飾り気のないこと。

【素朴】そぼく
自然のままであること。

【朴葉味噌】ほおばみそ
朴葉の上に味噌をのせて焼いた飛騨の郷土料理。

【朴訥】ぼくとつ
飾り気がなく、口数が少ないこと。

【朴念仁】ぼくねんじん
無口で無愛想な人。頑固でわからずや。

雨の日のブナの大木　青森県平川市・十和田湖

橅

ぶな
ボ

ブナ科・ブナ属

イギリスでは森の母と呼ばれ、ドイツ語は「ブッヘ」。これはブック(本)から来た名で、古代、橅の林の樹皮に文字を刻んだことに由来する。ドイツ語の「文字」という言葉にはまた、「橅の枝」という意味もある。

一方、日本では、狂いが大きく腐りやすく建築材に向かないことから、木で無い木、無用な木として「橅」の字になったという説がある。材木としては粗末な扱われようだが、高い保水力を持ち、水源林の役割を担う。

橅の落ち葉が降り積もって腐葉土となり、大地は厚い絨毯に包まれるように、水を豊かにたくわえる。雪国の橅の若木は冬、身を潜めるようにして雪の中に埋もれているが、雪が解けると再び幹は、立ち上がる。守ってきた水を夏、水田へと送り、無比の恵みを注ぐ。

ハルニレ　北海道豊頃町

楡　にれ　ユ

ニレ科・ニレ属

楡といえば普通、春楡《はるにれ》をいう。和名は、滑《ぬれ》が転じたもの、また樹皮を水で練って得た粘液をネリ、ネレなどと呼び、接着剤に使っていたことに由来するなどの説がある。正倉院文書で使われた楡紙は、その粘液が使われている。漢字の「楡」の右の字は、中身を取り除いてよそに移す意があり、粘液を薬にしたことに由来する。

北海道大学の構内には大木があって、エルムの学園と呼ばれている。エルムは楡の英名でケルト語に由来するとされる。北欧神話では最高神オーディンが樹を人間に変え、楡が女性になったという。アイヌの伝説では、雷神が美貌のハルニレ姫の上に落ちて、人間の祖先のアイヌラックルが生まれた。

【楡銭】ゆせん
漢代の銭名。春楡の実に似る。実は、円盤形の薄い膜の中央に種子がつく。薄い膜が翼のような役割をして、薫風に舞い、種子を運ぶ。

栗　くり　リツ

ブナ科・クリ属

木の上に、いがのある実をつけた形を表わした字。栗は縄文時代に食料はもちろん、竪穴住居などの建築資材、炊事や暖房、土器焼きの薪など木材として大量に使われていた。三内丸山遺跡では、栗林が人工的に栽培されていた痕跡がある。

エゾリス　北海道函館市

【毬栗】いがぐり
殻斗《かくと》（いが）に包まれたままの栗。

【海栗】うに
ウニ類の総称。「雲丹《うに》」は、アカウニなどの生殖巣を塩漬けなどにした食品。

【搗栗・勝栗】かちぐり
栗の実を殻のまま干して、臼《うす》で軽く搗《つ》き、殻と渋皮を取り去ったもの。搗《かち》が勝《かち》と音が通じるので、出陣、勝利の祝いや正月の祝儀に用いた。

【団栗】どんぐり
櫟《くぬぎ》、小楢《こなら》、樫《かし》などのブナ科の植物の実。

【栗鼠】りす・くりねずみ
リス。森林に住み、団栗や昆虫などを食べる。冬越し用に、団栗を地中に貯蔵する貯食の習性があるが、あちこちに埋めていくうちに食べ忘れてしまい、それが発芽する。種まきのようなこの習性を、『シートン動物記』では、「リスと木の約束」と綴っている。

夕空に冴える冬枯れのケヤキ　東京都・代々木公園

欅《けやき》《キョ》
槻《けやき》《つき》《キ》

ニレ科・ケヤキ属

槻《つき》はケヤキの古名。『万葉集』に「斎槻《ゆつき》」と詠われるように、古来神木とされ、ツキの名は神がのりうつるところから「憑《つ》く」が転じたとする説がある。ケヤキは、「けやけき(※きわだった、貴い)木」が語源とされる。

樹冠が扇形になること、また「槻弓《つきゆみ》」といって、弓の材となり弓の張った形が半円形を描くことから「規《ぶんまわし》(コンパス)」に「木」を組み合わせて「槻」。ただ、中国では「槻」の字は梣《とねりこ》の皮の生薬名をさし、ケヤキは「欅」の字が正しい。右側の字は人々が手を高くあげてバンザイする形を示す字。「挙手」や「選挙」などの熟語がある「挙」の旧字で、空へ向かって一斉に枝が伸びるケヤキのイメージから「挙」の字を組み合わせたのだろう。ケヤキは大木で千年ほどの齢を生きる。樹齢を重ねると、美しい杢目《もくめ》が現れる。風雪に耐え厳しい環境にさらされるほど、杢目が細かく美しくなるという。

椋《むく》《リョウ》

ニレ科・ムクノキ属

老木になると樹皮が剥がれるのが特徴で、和名は「剥《む》く」が語源。葉の表面はざらざらしていて、鼈甲《べっこう》、象牙、柘植櫛《つげぐし》などの最後の仕上げ磨きに用いられる。

榎《えのき》　カ

ニレ科・エノキ属

かつて一里塚に植えられ、夏に枝葉が茂り木陰をなすことから、「夏」の字がつく。縁《えん》の木だということで、「縁切り榎」あれば、「縁結び榎」あり。植物学的には同じ木なのに、神木として真逆の願いを方々でかけられる。

桐《きり》　トウ　梧　ゴ

ゴマノハグサ科（ノウゼンカズラ科とも）・キリ属

桐には「梧」の字も当てられるが、これはアオギリ科の梧桐《あおぎり》で全く別の樹種。中国の伝説にある鳳凰が宿るという木はこの梧桐《あおぎり》をさすが、日本では桐と鳳凰が組み合わさる。「一葉落ちて天下の秋を知る」のことわざの一葉も梧桐の葉のことだが、ここでも日本では「桐一葉」となる。

材は色白で杢目が美しく、古来より伎楽面、琴、箱、羽子板などに用いられた。湿気を遮り、また火に強いことから、かつては娘が生まれたら桐を植え、その材で嫁入り道具を作ったという。「桐の木で　二棹できる　縁遠さ」と、なかなか嫁に行かない娘を皮肉った川柳もあるほど、生長が早いのも特長だ。苗を植えてわずか二、三年で人の背丈を超すほどに育ち、切れば早く育つところからか、和名は「切り」が語源とされる。

冬のケヤキ　東京都・代々木公園

秋のケヤキ　青森県弘前市・弘前公園

初夏のケヤキ　東京都・新宿御苑

真冬のケヤキ　青森県弘前市・弘前公園

春まで葉を落とさずに冬を越すカシワ　北海道美瑛町

柏

ブナ科・コナラ属

かしわ
ハク

槲

かしわ
コク

飯を炊く意の「炊《かし》ぐ」が語源で、食物を盛ったり酒を注いだり、米などを蒸す時に使われる葉から。もともとは『古事記』にも登場するミツナガシワ（オオタニワタリ）、アカメガシワなど様々な木の葉のことをいった。古代、宮中で食膳の調理を司る人のことを「膳夫《かしわで》」と呼んだことからも、葉が食器としていかに利用されてきたかがわかる。

「槲」の「斛《こく》」は物を入れて量る枡《ます》のことで、カシワの殻斗《かくと》（※どんぐりの帽子のこと）をこれに見立てたことから。字源をたどれば、正しいカシワは「槲」に違いないが、カシワといえばやはり「柏」の字を思い浮かべてしまう。

柞

ははそ
サク

ブナ科コナラ属の落葉高木の総称。語源は「葉々添《ははそい》」という説がある。柏などは冬になっても葉は枯れたまま枝に残り、木と寄り添って冬を越す。氷って縮こまった葉は春、うららかな光に誘われるように落葉し、新しい葉に入れ替わる。

ミズナラの団栗　北海道美瑛町

クヌギの花　京都府京都市・府立植物園

楢

なら
ユウ

ブナ科・コナラ属

ブナ科コナラ属のうち、落葉性の小《こ》楢《なら》、水楢《みずなら》(大楢《おおなら》)の総称。コナラ属の常緑性の種類は樫《かし》と呼んで区別する。英名で「オーク」と呼ばれるものは、両者ひっくるめての総称だが、ウイスキーの樽などに用いられるのは落葉性の楢だ。

櫟

くぬぎ
いちい
レキ

椚

くぬぎ

ブナ科・コナラ属

「櫟」の右側の字「樂」は、柄のある手鈴の形。クヌギの団栗を竹筒や壺に入れて、鈴のように鳴らすのに用いたことから、「櫟」の字になったと思われる。

「椚《くぬぎ》」は国字で、門に使われたことにちなむ。伐り倒して薪にすることから「椡《くぬぎ》」の国字も作られた。和名は、景行天皇が「國《くに》の木」と言ったことに由来するとされ、「槶《くぬぎ》」の字もある。

棈

あべまき
セン

ブナ科・コナラ属

クヌギに似るが、樹皮に厚いコルク層が発達して、縦に不規則に割れる。

「アベ」は「あばた」の方言であり、また、薪に使うことから、和名は「あばたまき」が語源とされる。樹皮はコルクの代用になることから、コルククヌギの名もある。

本物のコルク材は、コルクガシから採る。保温や防音に優れ、ワインの栓やボートなど幅広く利用される。

ミズナラの実生　北海道七飯町

幹周24m、日本一の大楠 鹿児島県蒲生町

樟

くす
くすのき
ショウ

楠

くす
くすのき
ナン

クスノキ科・クスノキ属

素戔嗚尊《すさのおのみこと》が眉の毛から生みだし、杉とともに船材にせよと言ったと『日本書記』に記されるように、最良の船材で、縄文遺跡からも丸木船が発掘されている。

木は全体に芳香があり、樟脳《しょうのう》を採って薬に用いたところから、和名は「奇《くすし》」が語源。「奇《くすし》」はまた、「薬」の語源でもある。「楠」の字は中国では別の樹種をさし、日本では誤用が定着。正しいのは「樟」で、木目が美しいことから、模様をはっきりと表わし出す意の「章」の字と組み合わさっている。

岩と見紛うほどに大地にどっしり落ち着いた根と、空を這いまわるかのようによじれる枝。二千年を超えてなお巨木を保つ姿は、まさに奇《くすし》。古来霊木として崇められ、飛鳥時代には、国宝の百済観音をはじめ仏像彫刻の良材となった。

【楠学問】くすのきがくもん

クスノキが生長は遅いが大木になるように、ゆっくりでも学問を大成させること。

マテバシイの団栗　東京都・代々木公園

椎

しい
ツイ

ブナ科・シイ属など

椎の木はブナ科の常緑高木で、変種や品種がいくつかある。団栗は古くから食用にされ、アクを抜く手間も要らず、煎って食べると香ばしい。形が尖っていて錐《きり》に似ていることから「椎」の字になったという説がある。

椨

たぶ
たぶのき

クスノキ科・タブノキ属

「椨」はタブのブを「府」の音で表わした国字。樟に似るがそれに劣るという意味で「犬樟《いぬぐす》」の別名があるが、「玉樟《たまぐす》」と称える名も。雨雫が枝葉を伝い流れる水を集めて、牛の飲み水を賄ったという話もあるほど、枝葉は空を覆うばかりになる。

栴檀

せんだん

センダン科・センダン属

初夏、薄紫の花が無数に咲き、まるで紫雲が垂れ籠めているように見えることから、「雲見草《くもみぐさ》」の異名がある。楝は栴檀の古名。いつの間にか、日本では楝を栴檀と呼ぶようになったが、栴檀は中国では白檀《びゃくだん》のこと。「栴檀は双葉より芳し（※大成する人は子どもの時から並はずれて優れているというたとえ）」のことわざも、白檀をさす。

楝

おうち
レン

かつて栴檀は、京の都の刑場前に植えられ、罪人の首をかけて曝すのに使われた。材は加工しやすく、細工物や工芸品にも用いられる。欧米で、家具や工芸用の高級材として利用されるマホガニーも、中南米産のセンダン科の樹木だ。

樫

かし

ブナ科・コナラ属

橿

かし
キョウ

櫧

かし
ショ

ブナ科コナラ属の常緑樹で日本には八種類ほど生える。「樫」は国字で、和名の「堅し」にちなむ。材質が堅くて強く、古くは稲作の道具である鋤や鍬、舟材など、堅牢さが求められる材に欠かせなかった。姥目樫《うばめがし》は水に沈むほど密度の高い木で、備長炭の原木として知られる。

樹齢350－500年のスギの参道　山形県鶴岡市・羽黒神社

杉《すぎ／サン》 椙《すぎ》

スギ科・スギ属

日本文化は木目を見ながら木材を割っていく針葉樹文化で、欧米は木目に関係なく人間の目的にあわせて挽いていく広葉樹文化と言われる。縄文遺跡から杉の丸木船が発掘され、登呂遺跡では木製品の八〇パーセントが杉製であったことなど、日本特産の杉はまさに我が国の針葉樹文化の筆頭だろう。

学名のクリプトメリア・ジャポニカの「クリプトメリア」とは、隠れた財産の意味。和名は真っ直ぐに空へと伸びる姿から「直木《すぎ》」が語源。中国には産しないため、漢名で「倭木」とも記される。「椙《すぎ》」とも書くが、これは国字。右側の字「昌」には「明らか」「盛ん」「栄える」の意があり、盛んに生長し、明らかに目立つ杉の姿にちなむ。

【杉立ち】すぎだち
棒立ち。

【杉菜】すぎな
シダ植物。胞子茎は土筆《つくし》と呼ばれ食用。

【杉形】すぎなり
物の形や状態が杉の木の形をしていること。上が尖って下が末広がりになる形。

【杉焼】すぎやき
杉の箱に魚肉や貝、野菜などを入れて焼き、杉の木の香りを料理に移して楽しむもの。

【屋久杉】やくすぎ
鹿児島県屋久島に自生する杉で、樹齢千年以上のものをいう。千年未満は小杉。

【老杉】ろうさん
古い杉の立木。

木曽の天然ヒノキ　長野県上松町・赤沢自然休養林

推定樹齢500年のヒノキアスナロ　北海道厚沢部町

檜

ひのき
ひ
カイ

ヒノキ科・ヒノキ属

千三百年、法隆寺を支え続ける木。二十年ごとに社殿をあらため、晴晴と神をことほぐ伊勢神宮の木。素戔嗚尊《すさのおのみこと》が「瑞宮《みずのみや》(美しい宮)の材《き》にすべし」とした檜は、白々として香り高い、宮大工の木だ。

語源は、檜の板で発火させた「火の木」説があるが、神の坐《いま》す宮に使われる最高の木を、万物を生み育てる太陽の「日」をもって表わした「日の木」説もある。

「桧」は「檜」の略字。

【黒檜】くろべ
檜《ひのき》、高野槇《こうやまき》、翌檜《あすなろ》、椹《さわら》とともに木曽五木の一つ。鼠子《ねずこ》。

【檜舞台】ひのきぶたい
晴れ舞台。

翌檜

あすなろ

ヒノキ科・アスナロ属

「明日は檜になろう」という木の叶わぬ願いが語源というのは俗説。古くは「アテ」と言われ、後に訛って「阿須檜《あすひ》」になったという説もあり、「アテ」は「貴《あて》」で、貴いという意味だから、俗説とは随分と格が違う。

日本特産で変種のヒノキアスナロは、檜葉《ひば》と呼ばれる。青森檜葉は、木曽檜、秋田杉と並んで日本三大美林の一つ。材は強く、檜が分布しない東北や北陸では、社寺や仏像に使われた。抗菌防臭作用の高い薬用成分のヒノキチオールは、檜葉に多く含まれる。タイワンヒノキから発見されたためこの名があるが、日本の檜にはほとんど含まれない。

椹

さわら
ジン

ヒノキ科・ヒノキ属

日本特産で、和名は檜より柔らかく弱いことから「さわらか」が語源。「弱檜」とも書いたが、檜に「甚だ」似るとして「椹」の字が後に当てられた。

槇

まき
シン

コウヤマキ科・コウヤマキ属

日本特産で、高野山から大台ケ原にかけて多く産する高野槇《こうやまき》(ホンマキ)、これに劣るとして犬槇《いぬまき》(マキ科・マキ属)がある。

高野槇は耐水性に富み、古来より棺の材として重宝された。風呂桶や湯槽の材となり、使い込めば込むほど白さが増すという。宮殿建築にも用いられる。

過酷な環境にも育つマツ　岩手県宮古市・真崎海岸

松

まつ
ショウ

マツ科・マツ属など

松は、森の果てに育つことができる。焼け野原や砂の舞う海岸、人が木々を伐り倒した後の痩せ地や崖に、力強く根を張ってゆく。庭園や襖絵にどっしり落ち着いた松もいいけれど、荒地にきりりと立つ松もまたいい。

マツ科は世界に約九属二〇〇種があり、ほとんどが常緑高木だが、日本特産の落葉松《からまつ》など落葉するものがある。日本に生える代表的なものは黒松や赤松。どちらも松脂《まつやに》を多く含み、良く燃えて急速に高温に達することから、古代のタタラ製鉄から現在の日本刀の鍛錬まで松炭が欠かせない。

和名は、神を「待つ」木からという。ご神木の松や年神様の依り代となる門松など、古くから松は神の降臨を待つ木だった。「祀《まつ》る」という言葉は、松を崇めることに由来するという。

【松魚】かつお
海水魚の名で、鰹《かつお》のこと。

【松明】たいまつ
松の脂《やに》の多い部分を竹などを集めて束ね、火をつけて照明に用いたもの。続松《ついまつ》。

【松の内】まつのうち
正月の松飾りをしている間。現在、元日から七日までをいう。

【海松】みる
海藻の名。ひも状の藻体は扇状に広がる。

電飾されたモミの木　北海道函館市

蕎麦畑のトドマツ　北海道ニセコ町

椴

とど
ダン

マツ科・モミ属

北海道などに自生し、門松やクリスマスツリーにするのが椴松《とどまつ》。和名はアイヌ語の「トトロップ」が語源。アイヌでは結婚式のときなどに、花婿花嫁の通路に散らすという風習があるという。

樅

もみ
ショウ

マツ科・モミ属

日本特産で、高さ四〇メートルにもなる。クリスマスツリーでおなじみだが、実は日本によく出回るのは、トウヒ属のドイツトウヒ。ドイツの森の三分の一以上がこの木で占められる。ヴァイオリンの名器「ストラディバリウス」はドイツトウヒ製。

栂

つが

マツ科・ツガ属

日本特産で、学名はツガ・シーボルディー。日本の植物研究に深く貢献したシーボルトを称えての名だ。

「栂」は国字で、母指《おやゆび》ほどの実が生るからだという。長い葉が短い葉を上に乗せて枝に並ぶところから、和名は「継ぐ」「番《つが》う」が語源。

材は杢目が綺麗で強度がある。建築材に適しているが、生長が遅い上に、人工植栽にも向かないため、天然林の減少とともに少なくなっている。そんな希少性から、関西では「ツガ普請」といって「ヒノキ普請」よりも高級とされてきた。杢目を見せるために床柱などに重宝される。

榧

かや
ヒ

イチイ科・カヤ属

碁盤や将棋盤の最高級品材として知られるが、碁盤の材になるような大木の榧はほとんど残っておらず、希少性もとても高い。

古くは「カヘ」と呼ばれ、語源は木に香気のあることから「香枝」、また実が落ちても次の実があるので「替《かえ》」など諸説ある。

材は、緻密で硬く弾力に富む。水にも強いため、弥生時代には丸木船や弓の材料に使われていた。上品な芳香があり、奈良時代後期から平安初期にかけての白木の仏像の多くは榧が使われている。オリーブのような実は食用で、整髪油や食用油の原料にもなり、高価だが天ぷら油にいい。

カラマツ　北海道上富良野町

エゾマツ　北海道上士幌町・三国峠

クロマツ　岩手県陸前高田市・高田松原（津波被害に遭う前の姿）

アオモリトドマツ　青森県青森市・八甲田山

武家屋敷のナツミカン　山口県萩市

蜜柑　みかん

ミカン科・ミカン属

「あれは紀伊の国、蜜柑船」の歌で知られる紀伊国屋文左衛門は、紀州蜜柑を嵐のさなか江戸へと運んで豪商への道を拓いた。

萩市の夏蜜柑（写真）は明治時代、困窮した士族の救済のため、武家屋敷に夏蜜柑を栽培したことに始まり、萩の財政を支えた。

室町時代から様々な品種が作られ、富をもたらしてきた蜜柑。現在は蜜柑といえば、温州《うんしゅう》蜜柑《みかん》をさすことが多い。中国ミカンの本場である中国の温州《うんしゅう》にあやかった名だが、原産は鹿児島県。

【青蜜柑】あおみかん　未熟な蜜柑。また、果実の色の青い頃から食べられるもの。

枳　からたち　キ

ミカン科・カラタチ属

和名は、「中国から渡来した橘《たちばな》」という意味の「カラタチバナ」の略。枝には鋭い棘があり、生垣によく植えられる。実は熟しても酸っぱくて苦いので、食べられない。右側の字「只」は小さい意で、「枳」は橘に似るが果実が比較的小さいことによる。

カラタチの花　北海道函館市

ユズ　岡山県吉備中央町

タチバナ　京都市・北野天満宮

橘
たちばな
キツ
ミカン科・ミカン属

橘の実は古代、永遠に香る果実という意味の「非時《ときじくの》香果《かぐのこのみ》」と呼ばれた。日本特産で、実は冬にも凋《しぼ》むことなく、採っても長く香る。常緑の青々とした葉や初夏に咲く小さな白い花は可憐で、清少納言は「世になう心あるさまにをかし」と称えた。京都御所紫宸殿の「左近の桜」の対となるのは「右近の橘」。文化勲章のデザインは橘の五弁花があしらわれている。

【橘中の楽しみ】きっちゅうのたのしみ
囲碁や将棋の楽しみ。

【酢橘】すだち
酸《す》っぱい橘が語源。熟す前の緑色のものを収穫し、香味料にして使う。

柚
ゆず
ユ
ユウ
ミカン科・ミカン属

中国原産で八世紀頃には渡来していたとされる。「柚子」はユズの実のことで、中国語の「ユウツ」が訛って、「ユズ」になった。花言葉は「健康美」。冬至には柚子湯に入り、体を温める。

橙
だいだい
トウ
ミカン科・ミカン属

ヒマラヤ地方原産。果実は秋に橙色に熟すが、次の年の夏、再び緑色を帯びて秋にまた橙色になる。一本の木に二、三代の果実が同居するので、和名は「代々」が語源。縁起物として正月飾りに使われる。

山椒
さんしょう
ミカン科・サンショウ属

古くは「椒《はじかみ》」と呼び、果実が熟すとはじけて種子が出てくるところから「ハジケミ」が語源とされる。実は小粒で多く生ることから中国では多子の象徴になる。多産の願いから、漢代には「椒房《しょぼう》」といって、皇后の宮殿の壁に山椒の種子を塗り込めたという。

【山椒魚】さんしょううお
両生類の名。古名は、椒魚《はじかみいお》。

檸檬
レモン
ミカン科・ミカン属

ヒマラヤ西部・マレーシア原産で、明治初期に渡来。字は、外国産のレモンを中国語で音訳した時のもの。

残雪の岩木山とリンゴの花　青森県弘前市

バラ科・リンゴ属

林檎《りんご》

古くは中国原産の和林檎をさしたが、今は林檎といえば、果物として広く栽培される西洋林檎のこと。西洋林檎は明治初期、アメリカから取り寄せた苗木を新宿御苑の試験場で増やし、全国へと広まった。

和名は、漢名の発音「リムゴム」が変化したもの。「檎」の右側の字「禽」は鳥のことで、果実が甘く鳥を林に引き寄せることに由来する。

果実の方に目を奪われがちだが、晩春に咲く花も美しい。つぼみは桃色をしていて、開くと薄紅を挿したような淡い色に変わる。林檎畑は林檎の甘い香りに包まれ、のどかな津軽の春が過ぎる。

ザクロ科・ザクロ属

石榴《ざくろ》

ペルシャ地方原産で、平安時代に渡来したとされるが、古代、果汁で銅鏡を磨いた可能性があり、渡来はさらに古いという説もある。

果汁は甘酸っぱく、実にぎっしりつまった種の周りの外皮をプチプチ噛んで味わう。和名は、漢名の発音「ジャクル」が訛ったもの。鑑賞用にも好まれ、ことわざの「紅一点」の「紅」は石榴の花のことをいう。

ザクロ　山形県米沢市

ビワ　東京都・新宿御苑

ナシ　北海道函館市

枇杷 びわ
バラ科・ビワ属

中国原産だが、学名はエリオボトリア・ジャポニカという。

語源は、実に軸のついた形が楽器の琵琶に似ていることから。琵琶は漢代にシルクロードを通って中国に伝わった楽器。ペルシャ語で「バルバット」といい、ウイグル族は「ピパ」と呼んだ。中国ではこれを「琵琶」、木の名は「枇杷」の字を当てた。和名もこれに準じている。

果実は翌年の六月頃に熟す。枇杷の葉はビタミンやサポニン、タンニンなどを含み、毛を取り除いて洗い、薬酒などに用いる。煮出して麦茶代わりにすると、夏バテ対策にもなる。

梨 なし リ
バラ科・ナシ属

和名は、実の先端(端《つま》)が凹んで無い「ツマナシ」が略されて、「ナシ」となったという説がある。「無し」に通じるのを嫌って「有《あ》りの実」ともいう。果樹として広く栽培されている梨は、山地に生える「山梨《やまなし》(鹿梨《やまなし》)」が改良されたもの。

【梨のつぶて】なしのつぶて
全く音沙汰がないこと。梨を「無し」にかけ、投げた小石(礫《つぶて》)は返ってこないことから。

【梨園】りえん
俳優、歌舞伎役者の社会。唐の玄宗が梨を植えた庭で技芸を教えたという故事に由来する。

【鰐梨】わになし
アボカド。

柿 かき シ
カキノキ科・カキノキ属

海外でもほぼ「カキ」で通じる、まさに日本の里の秋を彩る果物。果実を味わうだけでなく、葉をお茶や柿の葉ずしなどの包みにしたり、渋柿から柿渋《かきしぶ》を採って防腐剤にするなど、暮らしに役立ててきた。

字が瓜二つだが「市」の画数が違う「柿《こけら》」は、材木を削る時にできる木の屑のこと。新築劇場の初興行をいう「柿《こけら》落とし」は、建築工事の最後に屋根などに残る柿を払い落としたことにちなむ。

【木練柿】こねりがき
木に生ったまま甘くなった柿の実。翌年の豊作を願って果実を全部取らずに枝に一つ二つ残すものもあり、それは「木守《きまも》り」と呼ばれる。

樹齢約100年、高さ25メートルのフウ　京都府京都市・府立植物園

楓

マンサク科・フウ属

かえで
もみじ
フウ

『楓』と書くので「カエデ」と混同されるが、フウはマンサク科で中国原産、葉の形は三裂。枝が弱く風に吹かれて揺らぐことからこの字があるという。日本ではフウとカエデを同一視し「カエデ」に『楓』という字を誤って当ててしまった。フウにとっては迷惑な上、さらに「カエデ」の読みが幅を利かせているため、庇《ひさし》を貸して母屋《おもや》を取られた状態だ。

「カエデ」の語源は葉の形が蛙の手に似ていることに由来。「かえるで」はもみじの古名であり、『万葉集』には「もみじ」とともに「蝦手《かえるで》」の表現がある。

「カエデ」と「モミジ」の違いはというと、植物学的にはどちらもカエデ科カエデ属の植物なので同じ。葉の切れ込みの深さで区別する、イロハモジミなど特に美しいものを「モミジ」と呼ぶなど様々言われるが、厳格な区別はないようだ。

ハウチワカエデ（赤）とミネカエデ（黄）　青森県青森市・八甲田山

椛・栬・梀

カエデ科・カエデ属

もみじ

日本産のモミジとカエデの野生種は二六種。そこに二〇〇種を超える園芸品種が加わって、ほかの草木もまた色づいて、錦綾なす日本の秋となる。

椛、栬、梀は、そんな色とりどりのもみじのこと。「秋の夕日に　照る山もみじ」の歌で懐かしむ風景そのものだ。

いずれも国字で、「花」を添えた日本人の心映えには、ひときわ心を魅かれる。もみじ前線もまた、桜前線とともに日本人の心をときめかせてやまない。もみじ前線は北から南へ、山から里へと下りてくる。ジャパニーズメイプルことイロハモミジは、およそ五十日をかけて日本列島を秋色に染めてゆく。

語源は、紅花《べにばな》から揉み出して採る紅色を「紅《もみ》」といい、その色に似ているところから「紅出《もみぢ》」、また色を揉み出すところから「揉出《もみいづ》」、草木が色づくことを意味する「もみつ」に由来するなど諸説ある。

ウリハダカエデ　福島県北塩原村

イタヤカエデ　青森県青森市

カジカエデ　岩手県八幡平市

ヤマモミジ　福島県北塩原村

イロハモミジ　京都府京都市・神護寺

オオモミジ　青森県弘前市

植林されたシラカバ　北海道富良野市

樺

かば
かんば
カ

カバノキ科・カバノキ属

カバノキ科カバノキ属の落葉広葉樹の総称で、美しいのは何といっても白樺。白い、美しい、あでやかな意の「華」を添えた「樺」の字は、この白樺の美しさをイメージしたものだろう。

和名は、樹皮を剥いて弓や矢筒に巻いたり、種々の器物に張ったりしたことから、「皮《かわ》」に由来する。樺の樹皮は油成分を含んでいるためよく燃え、松明《たいまつ》にも使われた。樺の中で最も燃えやすく、雨でも消えにくい鵜松明樺《うだいかんば》の名前は、「鵜飼に用いられる松明」に由来するという。

白樺は日当たりを好むため、群生林にはいつもまばゆい光が通う。春先の甘い樹液にはキシリトールの原料となるキシランが多く含まれ、健康飲料にもなっている。

材の評価は今一つで、割り箸、アイスクリームのさじや棒などによく使われている。

ハリエンジュ（ニセアカシア）　北海道函館市

シナの木の実　北海道函館市

榀　しな／こまい

シナノキ科・シナノキ属

日本特産の落葉高木（※P08写真）で、字は「シナ」の読みを「品」に当てた国字。「科の木」とも書く。信濃は古くは「しなぬ」で、蓼科、更科などの地名に「科」が多く使われていることから、信州には古くシナノキが群生していたことが偲ばれる。

樹形の品《ひん》がよく、並木や公園樹に植えられる。花はよい香りがして、蜜源になる。材は白色で加工しやすく、カバノキと同じく割り箸、アイスクリームのさじにする。

樹皮の繊維は強くて耐水性に富み、縄文時代から縄や魚網などに使われた。このことから、和名はアイヌ語で縛る意の「シナ」に由来するという説がある。

梓　あずさ／シ

カバノキ科・カバノキ属

神事用の梓弓の材となる由緒ある木。本名はミズメで、樹皮を傷つけると水のような樹液が出ることによる。中国ではキササゲの木をさす。古く版木にしたことから、書物を出版することを「上梓《じょうし》」、また、農家に桑と梓を植えるので、故郷を「桑梓《そうし》」「梓里《しり》」という。

槐　えんじゅ／カイ

マメ科・クララ属

花はマメ科の特色である蝶形花で黄白色、秋には数珠状の豆果が実る。樹皮や果皮は栗色の染料になる。白い蝶形花のニセアカシアはハリエンジュの別名。

楤　たら／ソウ

ウコギ科・タラノキ属

棘だらけで普段は見向きもされないタラノキだが、春の新芽の季節は、一躍山菜界のスターとなって、山菜ハンターに狙い撃ちされる。

見るからにとげとげしい姿から「椛」の国字もある。アメリカの中南部に生えるアメリカタラノキの別名は「悪魔の散歩杖」だそう。

薬用になり、樹皮や根皮の棘を取り除いて水洗いし、日干しにして煎じると胃腸病に効果があるという。

タラの木　北海道七飯町

樹齢300年以上の根上りイチョウ　青森県弘前市・弘前公園

公孫樹《いちょう》

イチョウ科・イチョウ属

恐竜が闊歩したジュラ紀に出現し、ほぼそのままの姿で現在に残ったことから「生きた化石」と呼ばれる。

葉の形が鴨の水かきに似ていることから、中国での別名は「鴨脚《イチャオ》」。この発音が変化して、和名の「いちょう」になったとされる。「公孫樹」の「公」は祖父の尊称で、植えてから「孫」の代になってようやく実がなる木という意味に由来する。

老木になると、公孫樹の乳といって枝や幹から木根のようなものが垂れ下がる。これを乳房に見立て、煎じて飲めば乳の出がよくなると信じられ、安産祈願の守り木にもなっている。

樹

き
ジュ

立ち木のこと。右側の字「尌」には、じっと立つ、植える意味がある。

【榕樹】ガジュマル
沖縄、屋久島に自生する亜熱帯の植物。クワ科イチジク属で、イチジクに似た小型の実が生る。

植

うえる
ショク

「直」にまっすぐ立つ意があることから、木を立てること、草木を植える意を表わす。

【植物】しょくぶつ
根を下ろして移動しない、草木などの総称。古くアリストテレスが生物を分類して植物、動物、人間とした。

根

ね
コン

右の字「艮」は、一所に渋滞してかたまるものの意があることから、植物が大地にどっしりと生やす「根」の意。物事のよりどころや根拠、物事に堪え得る気力、気力の元の意に用いる。また、方程式等で所要の条件に適合する未知数の値。

【根拠】こんきょ
考えや言動のよりどころとなるもの。

【根性】こんじょう
生まれつきの性質。強い気力。

【根絶やし】ねだやし
根絶すること。

【根雪】ねゆき
降り積もったまま、春まで残る雪。

株

かぶ
くい
くいぜ
シュ
シ

右側の字「朱」は、木に一線をつけた形。幹の切り口の色から、朱色を表わす。「株」は、木を伐り倒して残った部分の意。

【御株】おかぶ
その人の得意とするわざ。

梢

こずえ
うれ
ショウ

「木末《こずえ》(こぬれ)」の意から、木の枝の先端のこと。

【梢の床】こずえのとこ
梢にかけた鳥の巣。

【梢の春】こずえのはる
春めくころ。梢に花が咲いて、春が始まる。

枯

かれる
コ

右側の字「古」は、干からびる意。木が干からびて固くなり、枯れることを「枯」という。

【枯山水】かれさんすい
水を用いず、石や白砂で山水を表現する庭。

枝

えだ
え
シ

右側の字「支」は、小枝を手に持つ形で、枝で支えることから、支える意。「枝」は、木の枝の意。

【枝葉末節】しようまっせつ
中心から外れた些細な部分。

【茘枝】ライチー
中国南部原産。楊貴妃の好物。

ブナの樹海　北海道島牧村・狩場山

五十鈴川に架かる宇治橋　三重県伊勢市・伊勢神宮

第2章

木のかたち

水車小屋　宮崎県高千穂町

機

はた　おり　はずみ　キ

意味
布を織る道具。からくり。きざし。(「幾」は「戈《ほこ》」に糸飾りの「絲《いと》」をつけた形。これで邪悪の前兆を調べたことから、仕掛けや働きのある器械をいう。)

【機微】きび
かすかな趣や事情。

【棚機】たなばた
七夕。中国の乞巧奠《きっこうでん》(陰暦七月七日、庭に立てた竹に五色の短冊に歌や字を書いて飾り、牽牛《けんぎゅう》星と織女《しょくじょ》星に技芸の上達を祈る行事)と日本の棚《たな》機女《ばたつめ》(水辺の機屋に籠って神を迎え、神とともに一夜を過ごす聖なる乙女)の信仰が習合して成立したとされる。

【機織女】はたおりめ
螽蟖《きりぎりす》の古名。機織虫。

【弾機】ばね
発条《ばね》。スプリング。

械

かせ　カイ

意味
からくり。かせ。武器。

【機械】きかい
しかけのある道具。主に人力以外の動力による複雑なものをいい、「器械」は道具や人力による単純なものをいう。

桛

かせ

意味
紡いだ糸をかけて巻き取るH形またはX形の道具。(国字。)

【麻桛】おがせ
紡いだ麻糸をかけて巻き取ったもの。乱れもつれるさま、自由を束縛するもののたとえ。

樋
とい
ひ
トウ

意味 とい。

【懸樋】かけひ
地上にかけ渡して水を通す竹や木のとい。日本最古の都市水道は神田川を懸樋で渡した神田上水。

【木樋】もくひ
木のとい。材は松や檜《ひのき》。

梃
てこ
テイ
チョウ

意味 てこ。

【梃入れ】てこいれ
相場の上下を人為的に食い止めること。不調なものに助力して全体が順調に進むようにはかること。

【梃摺る】てこずる
処置に困る。持て余す。

槌
つち
ツイ

意味 物を叩く道具。

【相槌】あいづち
鍛冶が刀などを鍛える時、師が槌を打つ合間に、弟子が槌を入れること。転じて、相手の話に巧みに調子を合わせること。

【打出の小槌】うちでのこづち
打てば何でも自分の好きなものが出るという不思議な小槌。

栓
セン

意味 瓶などの口を塞《ふさ》ぐ物。

【栓木】せんのき
山地に自生する落葉高木の名。枝は太く、鋭いとげが多い。針桐《はりぎり》。

【耳栓】みみせん
防音などで耳につめる栓。

橇
そり
キョウ

意味 そり。雪や氷などの上を滑らせて重い物を運ぶ道具。「雪車」「雪舟」とも書く。

【箱橇】はこぞり
日本の雪国で使われていた道具で、箱状の荷台をつけたそり。

樏
かんじき
わりご
ルイ

意味 かんじき。足が雪の中に踏み込むのを防ぐために靴や草鞋《わらじ》の下に履く、木の枝や蔓で作った輪状の道具。わりごは、檜《ひのき》などの薄板で作り、中に仕切りを設けた容器のこと。かぶせ蓋をつけ、弁当箱に用いた。「破子」「破籠」とも書く。

手押し消防ポンプ　青森県弘前市・岩木山神社

日本酒の蔵元　青森県黒石市

樽

たる
ソン

意味　たる。短冊型の板を並べ、竹の箍《たが》をはめて底を入れる円筒形の桶や樽は、室町時代の終わり頃に発明された。

【菰樽】こもだる
菰《こも》を巻いた酒樽。運搬時の破損を防ぐために巻いたが、祝宴での鏡抜きに装飾を施して使われることが多い。

【樽廻船】たるかいせん
江戸時代、大坂から江戸へ、主として酒樽荷などを運んだ船。小型で船足が速く、幕末には菱垣《ひがき》廻船を圧倒した。

【樽丸】たるまる
樽の両側用の板材。寛文・延宝期の頃から造林が行われていた吉野地方の杉が樽丸に適し、灘地域の酒造に大きく貢献した。

【悪樽】わるだる
泥や糞尿などを詰めた樽。熨斗をつけて婚礼のあった家に贈る風習があった。

桶

おけ
トウ

意味　おけ。古くは「麻笥《おけ》」と書き、檜《ひのき》などの薄板を筒状に撓《たわ》めて桜の皮で綴じる曲物《まげもの》のことを指し、麻糸を入れるためのものだった。これが転じ、室町時代になって、「桶」を指すようになり、板材には杉または椹《さわら》などが用いられた。桶や樽の登場により酒、味噌、醤油などの醸造業が大いに発展した。

【桶囲】おけがこい
新酒を杉の大桶に入れ、目貼りして秋まで貯蔵すること。酒の熟成と杉材の香気によって味が良くなる。

【風が吹けば桶屋が儲かる】かぜがふけばおけやがもうかる
ある出来事の影響が思わぬところに及ぶ、あてにならぬ期待をすることのたとえ。

槽

ふね
おけ
ソウ

意味　液体を入れる大型の容器。

【湯槽】ゆぶね
湯船。浴槽。江戸時代、風呂場を設けた小船で、入港した廻船や渡海船に漕ぎつけ、船乗りや旅客から料金を取って入浴させた移動式の風呂屋。

枡

ます

意味　穀類や油などの計量に使用する容器。一般に木製で箱形のものが多い。（国字。「升」は穀物の量をはかる器の形。）

【枡売り】ますうり
穀類または酒、醤油などを枡ではかり売りすること。

概

おおむね
おもむき
とかき
ガイ

意味　おおむね。おおよそ。だいたい。（穀類を枡《ます》に入れ、上に盛り上がった穀物を外にあふれ出させ、枡目《ますめ》を平らかにならす棒、概《とかき》の意を表わす。これが転じ、でこぼこをならして全体としてみたところ、おおよその意に用いる。）

【一概】いちがい
無理に自分の意思を通すこと。強情なこと。

【概観】がいかん
全体を大雑把にみること。

【概況】がいきょう
全体のありさま。

【概数】がいすう
おおよその数。

【概略】がいりゃく
物事のあらまし。

【概論】がいろん
学問や論説などの全体の内容を要約して述べること。

椀

まり
ワン

意味　飲食物を盛る木製の丸い容器。古く、水、酒などを盛った器は、丸いものの意味から「まり」といった。

【椀飯振る舞い】おうばんぶるまい
気前よくごちそうや祝儀などをすること。盛大なもてなし。「大盤《おおばん》振る舞い」とも書くが、こちらはオウバンとオオバンを混同したことによる当て字。

【葉椀・窪手】くぼて
神前に供える物を入れる器。柏《かしわ》の葉を並べ、竹のひごでとじて、くぼんだ盆のように作る。

【椀子蕎麦】わんこそば
椀盛りのそばを、客の椀が空にならないように次々と投げ入れもてなすもの。

【椀妻】わんづま
三つ葉など吸い物にあしらって香りを賞味するもの。

杯

さかずき
ハイ

意味　さかずき。ちょこ。土器《かわらけ》。競技の勝者などに記念として贈られるカップ。（「不」は花の萼《がく》の形で、ふくらむ意。ふくらみのある木製の器、酒杯の意を表わす。和訓は「さか（酒）つき（杯）」の意。）

【苦杯】くはい
苦い酒を入れたさかずき。転じて、苦い経験。

菰樽　東京都・明治神宮

旧吹屋小学校　岡山県高梁市

校

コウ

意味 人が集まって知識や技術を学ぶ施設。木を組み合わせたもの。くらべる。

【校倉造】あぜくらづくり
断面が三角形や台形の校木《あぜき》を横に積み上げて壁にしたもの。聖武天皇の御物を蔵した正倉院は、檜《ひのき》材で造られている。校木の代わりに板を用いる板倉もある。

【校閲】こうえつ
印刷された原稿を読み、表記などの誤りがないか確めること。

【校舎】こうしゃ
学校の建物。

【校正】こうせい
文字の誤りをくらべ正すこと。

【将校】しょうこう
軍の指揮官が車の仕切り（校）の中で号令したことから軍隊の指揮官。

材

ザイ

意味 建築に使う木。切り倒したあと加工してあるもの。ある物を作る元になるもの。能力。才能。（「才」は、神聖なところの表示として立てる立札の木の形で、存在するものを意味する。「木」と組み合わせて木材、存在するものの材質をいう。）

【逸材】いつざい
人並み以上に優れた才能。

【教材】きょうざい
教科書、標本など授業や学習に用いる材料。

【人材】じんざい
才知ある人物。

【製材】せいざい
山から切り出した木を角材や板材などに作ること。

旧幌似小学校　北海道共和町

机

つくえ
キ

意味　読者や執筆に用いる台。もともとは宮殿の調度の一種。床に直接置けない器物や、供え物を載せる台として用いた長方形の脚つきの台を指した。

【文机】ふづくえ　書物を載せ読書する机。

椅

いいぎり
イ

意味　腰掛け。

【椅子】いす　古くは「いし」。宮中では高官だけが使用を許され、背もたれと肘掛《ひじかけ》のあるものとないものがあり、用いる者の身分によって形に違いがあった。

棚

たな
ホウ

意味　たな。物を載せるための板を渡したもの。

【神棚】かみだな　家の中で、神を祀る棚。

【棚卸し】たなおろし　決算や整理のため在庫の商品・原料・数量・品質を調査し、その価格を評価すること。江戸時代、正月上旬の吉日や七月に、棚に上げておいた品物をおろして調べたことからいう。また、他人の欠点などを一々指摘する意も。

【棚田】たなだ　傾斜地を耕して階段状に作った狭い田。

【棚引く】たなびく　雲や霞、煙が薄く横に長く引くこと。

【棚牡丹】たなぼた　何の努力もせずに、おもいがけず幸運にあうこと。棚から牡丹餅《ぼたもち》。

検

しらべる
あらためる
ケン

意味　旧字は「檢」。右の字はおさめる意から、文書を納めておく木箱、ひいて、封印する意を表わす。そこから規範の意となり、その規範によって事案を調べる意に用いる。

【検非違使】けびいし　平安時代の官職。京中の犯人の検挙や風俗取り締まりなどを職務とした。のちに訴訟裁判も執り行うようになり、現在でいう警察と裁判官を兼任し、強大な権力を持った。

【検査】けんさ　あらため調べること。

【検尺】けんじゃく　伐採した材木の長さや太さなどを測ること。

【検証】けんしょう　事実を調べて証明すること。

奈良公園　奈良県奈良市

柵

しがらみ
サク

意味 木などの棒を立て並べ、横木でつないだ囲い。「しがらみ」は、川の中に杭を打ち並べて、これに竹や柴を絡みつけて堰き止めるもの。転じて物事をせき止める、引きとめるものの意。

【鹿の柵】しかのしがらみ
萩《はぎ》の別名。

【袖の柵】そでのしがらみ
涙を袖でせき止めること。

枠

わく

意味 木などの細いもので作った縁。（国字。）

【別枠】べつわく
定められたものとは別に設けられた範囲や基準。

【枠組み】わくぐみ
物事の仕組み。

杭

くい
コウ

意味 くい。地中に打ち込む木材の柱。

【焼け木杭】やけぼっくい
焼けた杭。火が消えたように見えてもまた燃えだすことがあることから、一度縁が切れていたものが、また元の関係に戻ることを「焼け木杭に火がつく」という。

杙

くい
ヨク

意味 くい。多く「杭」と書く。

【時の杙】ときのくい
中古頃、宮中の清涼殿の殿上の間の小庭に掲示した「時の簡《ふだ》」を支えるために立てた杙。「時の簡《ふだ》」は時刻を示す札で、時刻ごとに立て替えた。

京都御苑　京都府京都市

檻

おり
カン

意味 おり。手すり。(「監」は見張る意。「檻」は、動物などを閉じ込めておくための囲い。後に、罪人を監禁する場所をもいう。)

【檻車】かんしゃ
罪人を護送する、檻のようになった車。

【檻房】かんぼう
刑務所で囚人を入れておく部屋。

【折檻】せっかん
(宮殿の檻《てすり》にしがみついてまで皇帝に諫言しようとした前漢の朱雲を、役人が引きずり出そうとした時に、そのしがみついた檻《てすり》が折れたという故事から)厳しく叱ること。

【入檻】にゅうかん
監獄、刑務所に収容されること。入獄。

横

よこ
オウ

意味 (門の扉のかんぬきを表わす字から)よこ。よこざま。

【横死】おうし
不慮の死。

【横着】おうちゃく
ずるく怠けること。

【横車】よこぐるま
(前後にしか動かない車を横に押しても容易に動かないことから)理屈に合わないことを無理やりに押し通すこと。

【横綱】よこづな
白麻のしめ縄(横綱)を締めることの許される力士。力士の最高位。

【横道】よこみち
本道から横に分かれた道。

【横槍】よこやり
両軍が戦闘している時、横合いから別の一隊が槍で突きかかること。転じて、横から第三者が口をはさんで邪魔すること。

奥祖谷かずら橋　徳島県三好市

橋

はし
キョウ

意味　はし。(「喬」は、アーチ状の楼門の上に神を招く表木を立てる形で、高所にかけ渡したものをいう字。)

【天の浮橋】あまのうきはし
神が高天原から地上へ降りるとき、天地にかかるという橋。国生み神話では、伊邪那岐《いざなぎ》、伊邪那美《いざなみ》の二神がこの橋に立ち、天《あま》の沼矛《ぬぼこ》を地上にさしおろし、海水をかき回してオノゴロ島を出現させた。

【思案橋】しあんばし
歴史上の人物などが、行き先を思案したなどの伝説を持つ橋。また、江戸元吉原など遊里の入り口にある橋。遊ぶか戻るか思案することに由来。

【吊橋】つりばし
橋脚などを使わないで、両岸から網や藤蔓《ふじづる》などで橋床をつり下げた橋。

【どんどん橋】どんどんばし
踏めばどんどんと音のする木造のそり橋。

【虹の橋】にじのはし
虹を橋に見立てていう語。

【橋渡し】はしわたし
橋を渡すこと。両者の間に入って仲を取り持つこと。

【八橋】やつはし
湿地などに幅の狭い橋板を折れ折れに継ぎ渡した橋。

青森県青森市・八甲田山、田代平

桟

かけはし
サン

意味 戸、障子などの骨。かけはし。

【桟敷】さじき
祭りなどを見物するために、地面より一段高く設けられた観覧席。劇場、相撲場などで、土間よりも一段高く作った上級の見物席。

【桟俵】さんだわら
米俵の両端に当てる、藁《わら》で編んだ丸いふた。鳥取県の用瀬《もちがせ》では、旧暦三月三日、紙雛や菱餅などを桟俵にのせ、千代川《せんだいがわ》に流し、無病息災を祈る。

【桟道】さんどう
山腹の険しい崖などに沿って、木材で棚のように作るなどして設けた道。

【桟橋】さんばし
船をつないで、船客の乗り降りや荷物の上げ下ろしに使うために、岸から水上に突きだした橋。

構

かまえる
かまう
コウ

意味 組み立てる。計画を立てる。（「冓」は組紐《くみひも》を結び合わせる形。「構」は木を組み合わせることをいう。）

【虚構】きょこう
作り言。フィクション。

【結構】けっこう
物を作り出すこと。転じて、よく出来上がっているさま。さしつかえないさま。

祐徳稲荷神社　佐賀県鹿島市

梯

はしご
かけはし
テイ

意味 はしご。階段。「梯子」とも書く。（「弟」は順序の意。順序を踏んで上り下りする、はしごの意を表わす。）

【索梯】さくてい
縄梯子のこと。

【梯梧】でいご
インド・マレー原産の落葉高木で、江戸時代に渡来。沖縄や小笠原によく植えられており、初夏、真紅の蝶型花を密集してつける。沖縄の県花。

【天使の梯子】てんしのはしご
雲間から差し込む光の筋の俗称。

【突梯】とってい
つかまえどころのないこと。世俗に逆らわず、世の流れのままになるさま。

【梯子酒】はしござけ
次々と場所を変えて酒を飲み歩くこと。

欄

おばしま
てすり
ラン

意味 建築物につけた、人がつかまるための柵。てすり。かこい。かこいの意から、書籍、新聞紙などの紙面にある周囲の枠。「おばしま」は、御座所《おはしましどころ》の略とされる。

【空欄】くうらん
書類などで何も書いていない空白の部分。

【本欄】ほんらん
雑誌などの中心となる欄。話題にしている、この欄。

【欄外】らんがい
新聞や書物などで、紙面の印刷部分の周りの余白。

【欄干】らんかん
橋や縁側などのへりに設けた柵状のもの。人の落下を防ぎ、また装飾とする。

【欄間】らんま
天井と鴨居《かもい》との間の部分。採光や装飾のために格子や透かし彫りなどで飾る。

旧函館区公会堂　北海道函館市

柱

はしら
チュウ

意味　垂直に立てて上の構造物を支える材。神霊の依代《よりしろ》として立てる柱。神仏や死者などを数えるのに添える語。

【御柱】おんばしら
長野県の諏訪大社の神事で、申《さる》と寅《とら》年の春に行われる祭礼。八ケ岳の山中から切り出された樅《もみ》の神木を上社《かみしゃ》の前宮と本宮、下社《しもしゃ》の春宮と秋宮の四社殿の四隅に立てる。

【大黒柱】だいこくばしら
民家の中央に立つ柱。建物の位置が定まった時最初に立てられる柱で、最も太く欅《けやき》材などが使われる。転じて、一家、一国の中心となり支えとなっている人の意。大黒柱の面する土間に台所があり、そこに祀られる大黒天にちなんだという語源説や、大内裏《だいだいり》の中心をなす朝堂院《ちょうどういん》の正殿を大極殿《だいごくでん》といい、その柱を「大極殿柱《だいごくでんばしら》」ということからなど諸説ある。

棟

むね
トウ

意味　屋根の二つの面が交わった最上部の水平部分。それに用いる材木。

【棟梁】とうりょう
家の屋根の棟と梁《はり》。建物の重要な部分であることから、大工の親方、頭《かしら》の意。

【棟木】むなぎ
棟に用いる木材。上棟《じょうとう》や修理などの時、工事の由緒や建築工匠の名、祈願文などを記して棟木に打ちつけられるのが棟札《むなふだ》。現存最古の棟札は、岩手県の中尊寺の一一二二年のもの。

【棟上】むねあげ
家を建てる時、柱や梁などを組み立て、その上に棟木を上げること。また、それを祝う儀式。上棟式《じょうとうしき》。建前《たてまえ》。

【棟割長屋】むねわりながや
棟木の下を壁で前後に分け、それぞれをさらに仕切り、数世帯が住めるようにした長屋。

梁

はり
やな
リョウ

意味　木造建築で、柱の上に張り渡して屋根を支えるための横木。「やな」と読んで、川の水を堰き止めて魚を捕る仕掛け。「やな」は「簗」とも書く。

【虹梁】こうりょう
社寺建築における梁の一種で、虹のようにやや弓なりに曲がっているもの。真っすぐだと中央が垂れ下がって見えるため、わざと弓なりにする。

【山梁】さんりょう
山間のかけ橋。雉《きじ》の異称。

【梁見せ】はりみせ
天井を張らないで、屋根裏の巨大な梁を下から見せるように造った民家の構造。

【鼻梁】びりょう
鼻柱。鼻筋。

【梁上の君子】りょうじょうのくんし
梁の上に潜む泥棒。転じて、ねずみの称。

桁

けた
コウ

意味　建物、橋などの柱の上に横に渡して、他の部材を支える材。「梁《はり》」と区別する場合、棟に対して直角にかけたものを「梁《はり》」、棟《むね》に対して水平に渡し垂木《たるき》を受けるものを「桁《けた》」とする。

【衣桁】いこう
衣服をかけておく台。形は鳥居に似る。

【桁繰り】けたくり
算盤の桁を操作する。転じて、巧みに桁を操作すること。

【桁違い】けたちがい
数の位取りを間違えること。ある物事の価値や程度が他とかけ離れていること。桁外れ。

【橋桁】はしげた
橋脚の上に渡して橋板を支える材。

【帆桁】ほげた
帆を張るために帆柱の上または上下に横に渡した細長い材。

桷

たるき
ずみ
カク

意味　屋根や庇《ひさし》を支える長い角材。棟から軒へ幾筋も連ねて垂れ亙《わた》す斜材であることから、多く「垂木《たるき》」と書く。「ずみ」は落葉高木。語源は「染《そ》み」の転で、樹皮を黄色の染料にした。

框

かまち
キョウ

意味　玄関の上がり口、床《とこ》の間など、床《ゆか》の面の端を隠すための化粧横木。床《とこ》の間の上部にかけ渡す横木「落掛《おとしがけ》」と上下対するさまが、輔《かばち》のようなものであることからこの意がある。「輔《かばち》」は、上下の顎《あご》の骨のこと。西日本で、生意気な口をきくこと、理屈ばかり言うことを「輔垂《かばちたれ》」という。

梲

うだつ
うだち
セツ

意味　梁《はり》の上に立てて、棟木《むなぎ》を支える短い柱。

【梲が上がらない】うだつがあがらない
出世ができない。語源は諸説あり、梲が棟木《むなぎ》に押さえつけられた様子からという説や、商家などで隣家との境に設ける小屋根付きの防火壁のことも「梲（卯建）」といい、これを高く掲げることを繁栄の印としたことから、うだつが上がらない（家が繁栄しない）意とする説などがある。

うだつの町並み　徳島県美馬市

黒板塀の武家屋敷　秋田県仙北市角館

板

いた
ハン
バン

意味

木材を薄く平らに切ったもの。（木に手斧《ちょうな》を加えている形が、「板」の字のもとになったとされる。手斧《ちょうな》は斧《おの》の一種で、楔《くさび》や斧《おの》で挽き割った材の表面を削《はつ》り、平らにするための大工道具。その歴史は古く、登呂遺跡で発掘された水田の畦《あぜ》を補強する矢板《やいた》には、手斧《ちょうな》の刃痕が見られる。）

【板前】いたまえ
「板」は俎板《まないた》の意から、料理場、料理人のこと。

【鏡板】かがみいた
能舞台の後ろの正面に張った板。普通、老松を描く。この松は春日大社の影向《ようごう》の松をかたどったものといわれる。

【板木・版木】はんぎ
木版用の刷り板。材は山桜、柘植《つげ》、朴《ほお》など。

札

ふだ
さね
サツ

意味

ふだ。紙幣。「さね」と読んで、鎧《よろい》の材料となる細長い鉄や皮の細長い板。

【御札】おふだ
神社や寺で出す守り札。おまもり。

【正札】しょうふだ
掛け値なしの値段を書いて商品につけた札。

【札付】ふだつき
正札《しょうふだ》がついていること。また、その商品。転じて、定評のあること。世に知れ渡っていること。悪い意味に用いる。

絵馬　島根県出雲市・出雲大社

枚
ひら
マイ

意味 薄く平たいものを数える語。いちいち数える。（「攴」は、斧を手に持つ形。斧で打って作った木片をいう。）

【一枚岩】いちまいいわ
一枚の板のようになった大きな岩。組織などがしっかりとまとまっていること。

鏡板　岩手県平泉町・中尊寺

束
たば
つか
ソク

意味 たばねる。行動の自由を奪う。（薪をたばねる形を表わした字。）

【覚束無い】おぼつかない
なりゆきが危ぶまれる。あやふやなさま。

【束風】たばかぜ
北日本の日本海側で冬に北西から吹く暴風。海は大しけに、陸は豪雪となる。

楯
たて
ジュン

意味 手にとって体を隠し、敵の攻撃を防ぐ武具。

【後ろ楯】うしろだて
後ろを防ぐもの。陰にあって、助けたり守ったりすること。またその人。

棋
ゴ
キ

意味 将棋盤。将棋。碁石。

【将棋】しょうぎ
室内遊戯の一つ。将棋盤の材は榧《かや》が最上で、銀杏《いちょう》、桂《かつら》などが一般品。駒の材は柘植《つげ》が最上。

楔
くさび
セツ

意味 堅い木または石や鉄で作った、断面が鋭角三角形の道具。物を割ったり、隙間に打ち込んで緩みを締めたりするのに用いる。

【楔を打ち込む】くさびをうちこむ
敵陣に攻め入って勢力を二分する。仲を裂こうと、邪魔だてをする。

槍
やり
ソウ

意味 やり。突く。衝突する。

【槍烏賊】やりいか
日本沿岸に広く産する烏賊の一種。胴は細長く、姿が槍の穂に似る。

【槍鉋】やりがんな
鉋《かんな》（台鉋《だいがんな》、突鉋《つきがんな》）が普及する前に使われていた、木材の表面仕上げをする道具。槍の穂先の形をした刃に棒状の木柄がついており、手斧《ちょうな》で削《はつ》った面を仕上げていく。すでに弥生時代にはあり、古くカナ、マカナと呼ばれていた。

【槍玉】やりだま
槍を手玉のように自在に扱うこと。「槍玉にあげる」は、人を槍で突き上げること、また多くの中から選び出して責めることをいう。

【槍を入れる】やりをいれる
槍を持って敵陣に攻め入る。演芸で客がやじる。

岩手県遠野市

朽

くちる
キュウ

意味　くちる。木がぼろぼろに崩れる。人の名や名誉などが衰える。むなしく終わる。死ぬ。(「丂」は、ものをえぐり取る曲刀の形。木を曲刀でえぐり、そこから木が朽ちることをいう。)

【朽木】くちき
枯れて腐った木。

柩

ひつぎ
キュウ

意味　ひつぎ。人の遺体を納める木の箱。(「久」は屍体《したい》を後ろから木で支える形。それをひつぎに収めた形が「匛」。)

【霊柩車】れいきゅうしゃ
棺桶《かんおけ》を載せて運ぶ車。

棺

ひつぎ
カン

意味　死者の遺体を納める容器。かんおけ。和訓は人木《ひとき》が転じたもので、「人の入る木」の意という語源説がある。

【甕棺】かめかん
遺体や遺骨を納めた土器。縄文、弥生時代に多い。

【棺舁き】かんかき
葬式の列で棺を担ぐこと。

櫃

ひつ
はち
キ

意味　ひつ。物を入れておくための、蓋つきの大形の箱。また、飯を入れる木製の器。

【石櫃】いしびつ
奈良時代の蔵骨器の一つ。火葬骨を入れる。

北海道ニセコ町

岡山県高梁市

榾

ほた
コツ

意味 木の切れ端。薪《たきぎ》。地面に倒れて朽ちた木。

【榾木】ほたぎ
囲炉裏《いろり》にくべたり焚火《たきび》などにしたりする木の切れ端。椎茸をその皮部から発生させるための木材。櫟《くぬぎ》や椎《しい》、栗《くり》などの幹を用いる。

【榾火】ほたび
木の根や枝きれを燃やす火。

枕

まくら
チン

意味 まくら。落語の枕など、前置きの言葉や話。

【枕木】まくらぎ
鉄道で、道床の表面に敷設してレールを固定するもの。栗、松、橅《ぶな》などを用いた。現在は鉄材やコンクリート材。

【夢枕】ゆめまくら
夢の中で神仏などが現れ告げること。

杵

きね
ショ

意味 臼《うす》に入れた穀物や餅をつくために用いる木製の道具。

【火鑽杵・燧杵】ひきりぎね
檜《ひのき》製の火鑽臼《ひきりうす》と合わせ用いて火をすり出す棒のこと。多く山枇杷《やまびわ》で作られる。古代の発火器の一つで、現在も伊勢神宮では忌火《いみび》をこれらで熾《おこ》す。「火鑽《ひきり》」は、檜《ひのき》を鑽《き》って発火させる意。檜《ひのき》は火の木が語源という説がある所以である。

柄

がら
え
つか
ヘイ

意味 手で握るために道具につけた細長い部分。人間の体つき。品格。

【取柄】とりえ
格別に良い点。長所。

【昔取った杵柄】むかしとったきねづか
若い頃に身につけた米を杵でつく技量は年をとっても衰えることがない意から、過去に鍛えた腕前のこと。

辰鼓楼　兵庫県豊岡市出石

楼

たかどの
ロウ

意味

二階建て以上の高く豪華な建物。高殿《たかどの》。遠くを見るために城などに作る高い櫓《やぐら》。（旧字は「樓」。「婁」は、夫人の髪を高く積み上げた形。上へ上へと高く重ねる意がある。）

【蜃気楼】　しんきろう

砂漠で遠方にオアシスがあるように見えたり、海上で舟が逆さまに浮き上がって見えたりする現象。古代中国では、「蜃《しん》（大蛤《おおはまぐり》のこと）」が気を吐いて、空中に楼閣を描くと考えて名付けられた。貝櫓《かいやぐら》。

【摩天楼】　まてんろう

ニューヨーク市にあるエンパイアステートビルなど、天を摩《ま》す（すれすれまで近づく）ほどの高い建物。スカイスクレーパーの訳語。

櫓

やぐら
ロ

意味

やぐら。材木などを組み合わせて高く造った構造物。城壁などに造った高楼。「矢倉」とも書かれるように、本来は矢を納める倉庫の機能と見張り台の二つの機能があった。また、「櫓《ろ》」と読んで、船を漕ぎ進める道具の一つ。艪《ろ》。奈良時代に中国から導入され、櫂《かい》に代わって広く普及した。櫓羽《ろばね》は樫《かし》、柄の部分である櫓腕《ろうで》は椎《しい》の木を用いる。

【物見櫓】　ものみやぐら

警戒または偵察のために設けられた櫓。遠見櫓《とおみやぐら》。

【櫓太鼓】　やぐらだいこ

相撲場または歌舞伎劇場で、開場または閉場の知らせとして、櫓で打つ太鼓。

羽黒神社　山形県鶴岡市

杢
もく

意味

大工。「大工」はもともと古代、中世の工匠などを指揮した指揮工のことで、木工寮《もくりょう》の長のこと。大工職人を意味する言葉は「番匠《ばんしょう》」だったが、後に、大工が「棟梁《とうりょう》」と呼ばれるようになり、大工は番匠《ばんしょう》そのものを意味するようになった。（「木」と「工《たくみ》」を合わせた国字。）

【鶉杢】うずらもく
鶉《うずら》の羽色のような木目。屋久杉の異名。

【玉杢】たまもく
小さな渦巻きを連ねたような木目。欅《けやき》などに多い。

【杢目】もくめ
木材の切り口に見える、年輪、繊維などの模様。木目。

枢
くるる
とまら
とぼそ
スウ

意味

開き戸を開閉するために扉の端の上下に設けた突起（とまら）と、それをはめる小さな穴（とぼそ、戸臍《とほぞ》の意）。また、物事の中心となる大事な部分の意。（旧字は「樞」。「區」は、祝禱《しゅくとう》の器を収納する所。重要な祈りが行われる秘匿《ひとく》の所とされ、「樞」はその入口の扉の回転軸をいう。物事を動かす要、よりどころ、大切な所の意に用いる。）

【枢機】すうき
物事の肝心な部分。

【枢軸】すうじく
物事の大事な所。政治や権力の中心。

【枢密】すうみつ
政治上の重要な秘密。

枘
ほぞ
ゼイ

意味

材木などをつなぐ時、一方の木材の端に作る突起。もう一方に枘穴《ほぞあな》をあけて、これにこの突起部を差し入れて接合する。富山県の桜町遺跡で発見された高床式建物の柱材には、枘穴の加工痕など様々な木組みの技法がみられ、縄文時代中期末にはすでに木工技術が発達していたことが明らかになっている。また、「ほぞ」はへその意の「臍《ほぞ》」と語源が同じ。

【枘穴】ほぞあな
枘《ほぞ》をさしこむ穴。

【枘差】ほぞさし
枘《ほぞ》を枘穴《ほぞあな》に差しこんで、継ぎ合わせること。

東照宮　栃木県日光市

極

きわみ
きわめる
きわまる
キョク
ゴク

意味 それ以上ないというところ。限り。はて。

【究極】きゅうきょく
物事のきわまったところ。

【極光】きょっこう
オーロラ。

【極意】ごくい
物事の本質、核心。

【極彩色】ごくさいしき
日本画の技法で、岩絵具、胡粉《ごふん》などを用い、きわめて濃厚に彩色するもの。転じて、厚化粧にもいう。

【極上】ごくじょう
これ以上ないほど上等なこと。最上。

【極楽】ごくらく
極楽浄土。安楽で何の心配もない場所。

【極楽蜻蛉】ごくらくとんぼ
楽天的でのんきな人。

楽

たのしい
ガク
ラク

意味 音楽。楽器。楽しい。楽しむ。（旧字は「樂」で、柄のある手鈴の形。「白」が鈴の部分で、左右に糸飾りをつけている形を表わしている。もと舞楽の時にこれを振って、神を楽しませるのに使用した。）

【神楽】かぐら
神を祀るために神前に奏する舞楽。神座《かむくら》の変化した語で、古くは神遊《かみあそび》とも称した。舞人が舞い、舞人の長である人長《にんじょう》は、榊《さかき》、幣《みてぐら》、杖などの採物《とりもの》を持って舞う。各地の神社で行われる民間の神楽は「里神楽《さとかぐら》」という。

【道楽】どうらく
趣味などにふけり楽しむこと。

【楽土】らくど
苦しみがなく安楽な生活ができる土地。楽天地。

霧島神宮　鹿児島県霧島市

模

ボ モ

意味 手本となるもの。ひながた。似せる。そのものの図柄や様子。

【模範】もはん
見習うべきもの。

【模様】もよう
装飾としてあしらう柄や図。ありさま。様子。

様

さま
ヨウ

意味 さま。ありさま。敬称として使われるようになったのは、室町時代。

【如何様】いかさま
偽物。インチキ。もともと「どのように、どんなふうに」の意味だったが、それが転じて「いかにもその通り」の意に用いられるようになり、人に「その通り」と思わせるようなもの、インチキの意になった。

【逆様】さかさま
ぎゃく。さかさ。

【様はない】ざまはない
体裁が悪い。みっともない。

【様を見ろ】ざまをみろ
人の失敗をあざけっていう語。様見《ざまぁ》ろ。

【無様】ぶざま
格好の悪いこと。

権

ケン
ゴン

意味 物事を強制し、処置する力。計略。（旧字の「權」は、はかりの重りをいう。重りを加減してはかる、転じて権力の意を表わす。）

【棄権】きけん
投票、議決参加などの権利を放棄して行使しないこと。

【権利】けんり
自分の意思によって、ある物事を自由に行うことのできる資格。

【権力】けんりょく
他人を支配し、服従させる力。

【権化】ごんげ
神仏が衆生を救うために、この世に仮の姿となって現れること。権現《ごんげん》。思想がそのまま人の姿をとったかと思われるほど、その特性の著しい人。

格

カク
コウ

意味 地位や身分。きまり。

【格言】かくげん
人生の真理をとらえ、簡潔に言い表わした古人の言葉。

【格式】かくしき
身分に応じて定まっているしきたりや礼儀作法。家柄や身分の程度。

【格段】かくだん
段違い。まるで違うこと。

【格好】かっこう
外からみた姿。身なり。世間体。ちょうどよい頃合いであること。

【格子】こうし
細い木や竹を縦横に等間隔のすきまをあけて組んだもの。窓や戸の建具として使う。格子戸の略。

【別格】べっかく
きまった格式以外で、特別であること。

奈良県明日香村

村

むら
ソン

意味 田舎で、家が集まり、多数の人が群がり住んでいる所。まとまった土地。

【村夫子】そんぷうし
田舎の学者。また、知識の浅い人をあざける語。

【村里】むらざと
田舎で人家の集まっている所。

【村雨】むらさめ
にわかに群がって強く降る雨。にわか雨。

【村生え】むらばえ
村共有の天然生林。

【村八分】むらはちぶ
仲間外れにすること。掟を破った人や家族に対する私刑の監修で、江戸時代から行われた。十分の交際のうち、葬式と火事の消火の二分以外は付き合わないという意から出た語といわれる。

棲

すむ
セイ

意味 すむ。動物がその場所で生活する意。

【棲々】せいせい
忙しく心が落ち着かないさま。あくせくするさま。

【棲息】せいそく
人間や動物がある場所で住んでいること。

栖

す
すみか
セイ

意味 すむ。すまい。ねぐら。

【終の栖】ついのすみか
終生すんでいるべき所。また、最後にすむ所。

【幽栖・幽棲】ゆうせい
俗世の煩わしさを避けて、隠れ住むこと。かくれが。

巣

すソウ

意味　鳥、獣、虫などのすみか。人の住みつく所。（「巣」は、鳥の雛が木の上の巣に入っている形。）

【巣立ち】すだち
雛鳥が育って巣を去ること。

【古巣】ふるす
長年住みなれた、自分の家や環境、場所。

栽

うえるサイ

意味　うえる。苗木をうえる。

【栽培】さいばい
植物を植えて育てること。

【盆栽】ぼんさい
鑑賞するために枝や幹に手を加えて育てた鉢植えの樹木。

樵

きこりこるショウ

意味　きこり。山林の木を伐る人。（「焦」は、薪《たきぎ》をいい、薪を採取することをいう。和訓は「木伐《きこ》る」が語源といわれる。）

【樵夫】きこり・しょうふ
樹木の伐採を職業とする人。

【樵木屋】こりきや
薪《たきぎ》などにする木を売る家。

杣

そま

意味　山に入り木材の伐採や造材に従事した人。杣《そま》師《し》、杣工《そまだくみ》。（「木」と「山」を合わせた国字。）

【杣山】そまやま
伐採用の木を植えた山。

業

わざなりわいギョウゴウ

意味　職としてする仕事。わざ。仏教で、身、口、意で行う善悪全ての行為。前世の善悪の行為によって受ける結果。（「業」は、鋸歯《のこぎりば》のようなぎざぎざに、長い柄のある器の形。これを使って土木工事を行うことをいい、わざの意に用いる。）

【業界】ぎょうかい
同じ業種に属する社会。

【業火】ごうか
仏教で、罪人を焼く地獄の炎。

【業を煮やす】ごうをにやす
物事が思うように運ばずいらいらする。

【仕業・為業】しわざ
したこと。行為。所業。

【卒業】そつぎょう
定められた課程を学び終え、その学校を去ること。

山形県金山町・鳥海山

秋田県仙北市角館

案山子　宮城県栗原市

案

つくえ
アン

意味 つくえ。案上《つくえ》で取り扱う事案をいい、その事案を調べ、考案する意。

【案外】あんがい
予想していたことと食い違うさま。

【案内】あんない
道や場所をよく知らない人を手引きすること。知らせ。取り次ぎ。

【案の定】あんのじょう
思っていた通り。

【案山子】かかし・かがし
案《つくえ》（机）のように平らで低い山「案山」にある山田を守る「子（人・人形）」という意。古くは、髪の毛やぼろ布を焼いたものを置き、鳥獣が嫌がるにおいを出して田畑を守っていた。これをカガシ（嗅《かが》し）といい、転じて竹や藁《わら》などで人の形を作って田畑に立てるおどしのことも、カガシ、カカシというようになった。

架

かける
かかる
たるき
カ

意味 物を載せたり掛けたりする台。かけわたす。

【架空】かくう
理由や根拠のないこと。想像で作ること。

【架橋】かけはし
谷や川に渡した橋。両者の間に入って仲を取り持つこと。

【十字架】じゅうじか
罪人を磔《はりつけ》にする柱。

【書架】しょか
本棚。

【稲架】はさ
刈り取った稲をかけて干しておく木組み。稲掛け。ハザ。稲架の段数や形は地方により様々。田んぼに沿って植えた並木を稲干しに利用する稲架木《はさぎ》もある。稲架木《はさぎ》に多く用いられるのが梣《とねりこ》。野球のバット、スキー、家具などの材にもなる。

棒

ボウ

意味 細長く、通常は曲がらない真っすぐなもの。

【箆棒】べらぼう
ばか。ばかげているさま。

【棒振】ぼうふら・ぼうふり
(水中で体を屈伸させて泳ぐさまが棒を振る様子に似ていることから)蚊の幼虫。

棹

さお
トウ

意味 さお。水底に突き立てて、船を前進させる細長い棒。

【流れに棹さす】ながれにさおさす
物事を時流に乗せて、順調に進行させる。「流れに逆らう」の意味で用いるのは、「水をさす」と混同したもので、誤用。

杖

つえ
ジョウ

意味 つえ。(「丈」は、杖を手に持つ形。)

【虎杖】いたどり
各地の山野、路傍に生え、若い茎は酸味を帯び食用となる。すかんぽ。

【錫杖】しゃくじょう
僧侶、修験者の持つ杖。

【洋杖】ステッキ
洋風の杖。ステッキ。

芭蕉翁　岩手県平泉町・中尊寺

標

しるし
しるべ
ヒョウ

意味 しるし。しるべ。しるす。

【標致】きりょう
女性の容姿のよいこと。「器量」とも書く。

【標石】ひょうせき
目印の石。道標の石。

【標的】ひょうてき
弓や銃のまと。攻撃の目標。

【澪標】みおつくし
船の通路を示すために、目印として水中に立てた杭。

【道標・道導】みちしるべ
道路の方向や距離などを示すため道端に立てた標識。道案内。江戸幕府は、江戸日本橋を起点として東海、東山、北陸の三道、また各地の主要街道に一里（約四キロメートル）ごとに塚を築いた。一里塚の上には榎《えのき》や松が植えられ、旅人は木蔭に身を寄せて、疲れを癒した。

栞

しおり
カン

意味 しおり。古くは、木片、竹片などでも作った。手引き。(「幵」は、二つの「干」で、「干」は削る意。木を削り削りして道標とした、しおりの意を表わす。和訓は、木の枝を折って道標とする動作「しをる」が語源。「枝折《しおり》」とも書くが、当て字。)

奥千本への道標　奈良県吉野町・吉野山

平安神宮　京都府京都市

朱

あけ
シュ

意味

赤色の顔料。天然の鉱物の辰砂《しんしゃ》を精錬して得る朱は、「真朱《しんしゅ》」ともいう。これに対し、水銀と硫黄を焼いて化学的に製する朱は、「銀朱《ぎんしゅ》」と呼ばれる。朱とともに古くから使われた赤色顔料が弁柄《べんがら》で、鉄分を含む土を焼いて作る。朱色は、生命力や呪術性、魔力に対抗する色とされ、古代の宮殿や神社仏閣に多く用いられている。

【朱印船】しゅいんせん

近世初期、幕府から外国貿易を許可する朱印状を与えられた船。渡航先は台湾、フィリピンからインドシナ半島、モルッカ諸島に及び、多くの渡航地に日本町が形成された。輸出品は銀、銅、鉄、樟脳《しょうのう》、漆器、刀剣など。

【朱塗】しゅぬり

朱色の漆で塗ること。漆器は英語で「ジャパン」と呼ばれることから、朱塗りの漆器の色は「ジャパニーズ・レッド」という。

【朱鷺・桃花鳥】とき

特別天然記念物。羽毛は白く、翼と尾羽は朱鷺色《ときいろ》（淡桃色）を帯び、顔と足が赤い。

栄

さかえる
はえ
エイ

意味 さかえる。輝かしい誉れ。引き立って立派に見える。（旧字は「榮」で、燃えるたいまつを組み合わせて立てた、かがり火の象形。盛んに輝くさまから、さかえる、はなやぐ意に用いる。）

【弥栄】いやさか
いよいよ栄えること。

【栄華】えいが
権力や富の力によって、はなやかに時めき栄えること。

【栄光】えいこう
輝かしい名誉。

【栄枯盛衰】えいこせいすい
人の一生や世の中は、盛んな時もあれば衰える時もあるということ。

【栄誉】えいよ
称えられる名誉。

【栄養】えいよう
生物が生命を保ち活動するために体外から取り入れる成分。

【虚栄】きょえい
実質に伴わない外見ばかりの栄誉。うわべを飾って、自分を実質以上に見せること。見栄。

【栄少女】さかえおとめ
美しい盛りの少女。

【栄螺】さざえ
貝の名。刺身や和え物などにして食すが、壺焼が最も知られている。

下鴨神社　京都府京都市

染

そめる
しみる
セン

意味 そめる。影響を受ける。しみる。いかにもそれらしくなる。（「水」と「朶」を組み合わせた字。「朶」は、木の枝葉のしだれている形。木の枝葉を撓《たわ》めて水に浸け、染色することをいう。染料は古来、草木を用いた。）

【染み染み】しみじみ
心にしみるように感じられるさま。

【馴染む】なじむ
なれ親しむ。しっくりする。調和する。

柔

やわら
やわらかい
ジュウ

意味 やわらか。（「矛」は、枝を撓《たわ》めた形で、しなやかの意。）

【柔】やわら
柔術。攻撃してきた相手の力を利用して、素手で反撃する日本古来の武術の一つ。明治十五年、柔術をもとに、嘉納治五郎《かのうじごろう》によって創始された格闘技が柔道。

センの木（針桐）　北海道北斗市

東

ひがし
あずま
トウ

意味

ひがし。太陽の昇る方角。（嚢《ふくろ》の形が字源という説が有力だが、「木」と「日」の組み合わせた字で、朝日が木立の中へ昇る方角の意という説も捨てがたい。その木は扶桑《ふそう》とされ、扶桑《ふそう》はまた日出づる国、日本の異称でもある。）

【東下り】あずまくだり
京都から、関東地方へ行くこと。特に、鎌倉、江戸へ行ったこと。

【東琴】あずまごと
琴の一種。唐琴に対して、日本式の琴をいう。倭琴《やまとごと》。和琴《わごん》。

【東風】こち
東から吹いてくる風。春の風。

【東雲】しののめ
東の空がわずかに白む頃。明け方。

【東宮】とうぐう
皇太子の居る宮殿。また、皇太子。皇太子の宮殿が皇居の東にあったことからいう。五行説で東は春に当たるので、「春宮《とうぐう》」とも書く。

末

すえ
うら
マツ

意味

すえ。ある期間の終わり。（「木」の上部に一線を加えて、木の枝の末端を示す字。）

【末広がり】すえひろがり

物事が次第に栄えていくこと。扇を祝っていう語。

未

いまだ
まだ
ひつじ
ミ

意味

いまだ。まだ。（木に若い枝が伸びてゆく形。）

【未知】みち

まだ知らないこと。

【未来】みらい

現在の先にある時。将来。

来

くる
きたる
ライ

意味

くる。至る。これから先の。

【一陽来復】いちようらいふく

冬が去り春が来ること。悪い事が続いた後、ようやく運が向いてくること。

本

もと
ホン

意味

もと。物事の起こり。（「木」に根もとの部分を示す一線を加えた字。）

【日本】にほん・にっぽん

（「日出づる処」の意の「日本《ひのもと》」の音読から）国号、日本。

 スギの御神木　三重県大紀町・瀧原宮

奈良県五條市・西吉野

写真の木 索引

【ア】
アーモンド 16
アオモリトドマツ 41
アケビ 18
アシビ・アセビ 18
アンズ 17
【イ】
イタヤカエデ 48
イチョウ 52
イロハモミジ 49
【ウ】
ウメ 14
ウリハダカエデ 48
【エ】
エゾノカワヤナギ 20
エゾマツ 40
【オ】
オオモミジ 49
【カ】
カジカエデ 48
カシワ 32
カツラ 25
カラタチ 42
カラマツ 40
【キ】
キキョウ 19
【ク】
クスノキ 34
クヌギ 33
クロマツ 41
クワ 23
【ケ】
ケヤキ 28–29・30–31
【コ】
コウゾ 22
【サ】
サクラ 15
ザクロ 44
【シ】
シダレヤナギ 20
シナ 08・51
シュロ 18
シラカバ 50
【ス】
スギ 36・85
スモモ 17
【セ】
セイヨウハコヤナギ 20–21
セン 84
【タ】
タチバナ 43
タラ 51
【ツ】
ツルシキミ 13
【ト】
トクサ 19
トチ 24
トドマツ 39
トネリコ 21
【ナ】
ナシ 45
ナツミカン 42
【ニ】
ニセアカシア 51
【ハ】
ハウチワカエデ 47
ハゼ 23
ハマユウ 19
ハリエンジュ 51
ハリギリ 84
ハルニレ 27
【ヒ】
ヒイラギ 13
ヒサカキ 12
ヒノキ 37
ヒノキアスナロ 37
ヒルギ 19
ビワ 45
【フ】
フウ 46
ブナ 10・24・26・54–55
【ホ】
ホオ 25
ボケ 18
ポプラ 20-21
【マ】
マサキ 13
マタタビ 18
マツ 38
マテバシイ 35
【ミ】
ミズナラ 33
ミツマタ 23
ミネカエデ 47
【ム】
ムクゲ 18
【モ】
モクレン 19
モミ 39
モモ 16
【ヤ】
ヤドリギ 19
ヤブツバキ 12
ヤマモミジ 49
【ユ】
ユズ 43
ユズリハ 13
【リ】
リンゴ 44

郵便はがき

料金受取人払郵便

京都北郵便局承認

5007

差出有効期間
平成27年2月
28日まで

切手を貼らずにお出し下さい

6038790

030

(受取人)
京都市北区上賀茂
岩ヶ垣内町89-7

青菁社 行

ご住所 〒 TEL	
ご氏名(ふりがな) 男・女	
ご職業	ご購読の新聞·雑誌名
お買上げ書店名	
この本の発行は何でお知りになりましたか? 1.新聞(新聞名) 2.書店 3.雑誌(雑誌名 4.内容見本 5.知人·先生にすすめられて 6.その他(	

日本語と色の風景シリーズ　全10巻

日本にはこころが満たされる、美しい言葉と色の風景がある

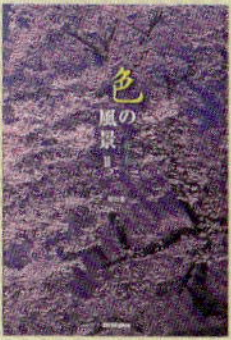

文字の風景
言葉の風景
続・言葉の風景
心の風景
暦の風景
旅路の風景
日々の風景
色の風景Ⅰ　〈空と
色の風景Ⅱ　〈花と
色の風景Ⅲ　〈ふる

野呂希一／写真
荒井和生／文
A5　176～208頁
オールカラー上製本
各2,800円（全10巻セット28,000

季節のことば　春夏秋冬　全4巻

移ろい続ける日本の自然を春夏秋冬の四季に分かち、その象徴的風景とそれぞれにふさわしい言葉を配して、季節の旅を巡るシリーズ。

季節のことば 春
季節のことば 夏
季節のことば 秋
季節のことば 冬

野呂希一／写真・文、池藤あかり／文、A5判／96頁／オールカラー／上製本／各1,800円

青菁社　〒603-8053　京都市北区上賀茂岩ヶ垣内町89
TEL.075-721-5755　FAX.075-722-39

ほたぎ　梢木　73
ほたび　榾火　73
ぼんさい　盆栽　79
ほんらん　本欄　67
【ま】
まき　シン　槇　37
まくら　チン　枕　73
まくらぎ　枕木　73
まさき　まさ　柾　13
ます　枡　61
ますうり　枡売り　61
またたび　木天蓼　18
まつ　ショウ　松　38
まつのうち　松の内　38
まてんろう　摩天楼　74
まどぎ　窓木　09
まり　ワン　椀　61
【み】
ミイラ　木乃伊　09
みおつくし　澪標　81
みかん　蜜柑　42
みそぎ　御衣木　09
みち　未知　85
みちしるべ　道標・道導　81
みつまた　三椏　22
みみずく　木菟　09
みみせん　耳栓　59
みらい　未来　85
みる　海松　38
【む】
むかしとったきねづか
昔取った杵柄　73
むく　リョウ　椋　28
むくげ　木槿　18
むなぎ　棟木　68
むね　トウ　棟　68
むねあげ　棟上　68
むねわりながや　棟割長屋　68
むら　ソン　村　78
むらざと　村里　78
むらさめ　村雨　78
むらばえ　村生え　78
むらはちぶ　村八分　78
【も】
モ　ボ　模　77
もく　杢　75
もくあみ　木阿弥　09
もくひ　木樋　59
もくめ　杢目　75
もくれん　木蓮　19
もと　ホン　本　85
ものみやぐら　物見櫓　74
もはん　模範　77
もみ　ショウ　樅　39
もみじ　椛　栬　梺　47
もも　トウ　桃　16
ももじり　桃尻　16
もものせっく　桃の節句　16
もよう　模様　77
もり　ト　ズ　杜　11
もり　シン　森　11
【や】
やくすぎ　屋久杉　36
やぐら　ロ　櫓　74
やぐらだいこ　櫓太鼓　74
やけぼっくい　焼け木杭　64
やつはし　八橋　66
やどりぎ　宿木　19
やなぎ　リュウ　柳　20
やなぎ　ヨウ　楊　20
やり　ソウ　槍　71
やりいか　槍烏賊　71
やりがんな　槍鉋　71
やりだま　槍玉　71
やりをいれる　槍を入れる　71
やわら　柔　83
やわら　やわらかい　ジュウ
柔　83
【ゆ】
ゆうせい　幽栖・幽棲　78
ゆず　ユ　ユウ　柚　43
ゆずりは　楪　13
ゆせん　楡銭　27
ゆぶね　湯槽　61
ゆめまくら　夢枕　73
【よ】
よこ　オウ　横　65
よこぐるま　横車　65
よこづな　横綱　65
よこみち　横道　65
よこやり　横槍　65
【ら】
ライチー　茘枝　53
らくど　楽土　76
らんがい　欄外　67
らんかん　欄干　67
らんま　欄間　67
【り】
りえん　梨園　45
りかにかんむりをたださず
李下に冠を正さず　17
りす・くりねずみ　栗鼠　27
りょうじょうのくんし
梁上の君子　69
りんご　林檎　44
【れ】
れいきゅうしゃ　霊柩車　72
レモン　檸檬　43
【ろ】
ろうさん　老杉　36
【わ】
わく　枠　64
わくぐみ　枠組み　64
わざ　なりわい　ギョウ
ゴウ　業　79
わになし　鰐梨　45
わるだる　悪樽　60
わんこそば　椀子蕎麦　61
わんづま　椀妻　61

【つ】
ついのすみか　終の栖　78
つえ　ジョウ　杖　81
つが　栂　39
つくえ　アン　案　80
つくえ　キ　机　63
つげ　柘植　13
つち　ツイ　槌　59
つばき　チン　椿　12
つまようじ　爪楊枝　20
つりばし　吊橋　66
【て】
でいご　梯梧　67
ていぼく　低木　09
でく　木偶　09
てこ　テイ　チョウ　梃　59
てこいれ　梃入れ　59
てこずる　梃摺る　59
てんしのはしご　天使の梯子　67
【と】
とい　ひ　トウ　樋　59
とうぐう　東宮　84
とうじ・とじ　杜氏　11
どうらく　道楽　76
とうりょう　棟梁　68
とき　朱鷺・桃花鳥　82
ときのくい　時の杙　64
ときわぎ　常磐木・常盤木　09
とくさ　木賊　19
とち　とちのき　ショウ　橡　24
とち　とちのき　栃　24
とちくりげ　栃栗毛　24
とちめんぼう　栃麺棒　24
とってい　突梯　67
とど　ダン　椴　39
とねりこ　シン　梣　21
とりえ　取柄　73
どんぐり　団栗　27
どんどんばし　どんどん橋　66
【な】
ながれにさおさす
流れに棹さす　81
なし　リ　梨　45
なしのつぶて　梨のつぶて　45
なじむ　馴染む　83
なら　ユウ　楢　33
【に】
にじのはし　虹の橋　66
にじりん　二次林　10
にほん・にっぽん　日本　85
にゅうかん　入檻　65
にれ　ユ　楡　27
【ね】
ね　コン　根　53
ねだやし　根絶やし　53
ねゆき　根雪　53
【は】
はかない　果敢無い　17
はこぞり　箱橇　59
はさ　稲架　80
はし　キョウ　橋　66
はしげた　橋桁　69
はしご　かけはし　テイ　梯　67
はしござけ　梯子酒　67
はしら　チュウ　柱　68
はしわたし　橋渡し　66
はぜのき　はぜ　ロ　櫨　23
はた　おり　はずみ　キ　機　58
はたおりめ　機織女　58
はたす　はて　カ　果　17
ばね　弾機　58
ははそ　サク　柞　32
はまゆう　浜木綿　19
はやし　リン　林　10
はり　やな　リョウ　梁　69
はりすり　榛摺　21
はりみせ　梁見せ　69
はん　はしばみ　シン　榛　21
はんぎ　板木・版木　70
【ひ】
ひいらぎ　シュウ　柊　13
ひがし　あずま　トウ　東　84
ひきりぎね　火鑽杵・燧杵　73
ひつ　はち　キ　櫃　72
ひつぎ　キュウ　柩　72
ひつぎ　カン　棺　72
ひのき　ひ　カイ　檜　37
ひのきぶたい　檜舞台　37
ひょうせき　標石　81
ひょうてき　標的　81
ひら　マイ　枚　71
びりょう　鼻梁　69
ひるぎ　漂木　19
びわ　枇杷　45
【ふ】
ぶざま　無様　77
ふだ　さね　サツ　札　70
ふだつき　札付　70
ふづくえ　文机　63
ぶな　ボ　橅　26
ふね　おけ　ソウ　槽　61
ふるす　古巣　79
【へ】
べっかく　別格　77
べつわく　別枠　64
べらぼう　箆棒　81
【ほ】
ボウ　棒　81
ぼうふら・ぼうふり　棒振　81
ほお　ボク　朴　25
ほおばみそ　朴葉味噌　25
ぼくせき　木石　09
ぼくとつ　朴訥　25
ぼくねんじん　朴念仁　25
ぼけ　木瓜　18
ほげた　帆桁　69
ほぞ　ゼイ　枘　75
ほぞあな　枘穴　75
ほぞさし　枘差　75
ほた　コツ　榾　73

さくらにく　桜肉　15
さくらびと　桜人　15
さくらぼし　桜干し　15
さくらゆ　桜湯　15
ざくろ　石榴　44
さざえ　栄螺　83
さじき　桟敷　67
さま　ヨウ　様　77
ざまはない　様はない　77
ざまをみろ　様を見ろ　77
さわら　ジン　椹　37
さんしょう　山椒　43
さんしょううお　山椒魚　43
さんだわら　桟俵　67
さんどう　桟道　67
さんばし　桟橋　67
さんりょう　山梁　69

【し】

しあんばし　思案橋　66
しい　ツイ　椎　35
しおり　カン　栞　81
しかのしがらみ　鹿の柵　64
しがらみ　サク　柵　64
しきみ　ミツ　樒　13
ししゃも　柳葉魚　20
しな　こまい　榀　51
しののめ　東雲　84
しば　サイ　柴　23
しばいぬ　柴犬　23
しばづけ　柴漬け　23
しばのいおり・しばのいお
柴の庵　23
しみじみ　染み染み　83
しゃくじょう　錫杖　81
しゅいんせん　朱印船　82
じゅうじか　十字架　80
しゅぬり　朱塗　82
しゅろ　棕櫚　18
じゅんぼく　純朴　25
しょうぎ　将棋　71
しょうこう　将校　62
しょうこうぼく　小高木　09
しょうふだ　正札　70
しようまっせつ　枝葉末節　53
しょか　書架　80
しょくぶつ　植物　53
しらべる　あらためる
ケン　検　63
しるし　しるべ　ヒョウ　標　81
しわざ　仕業・為業　79
しんきろう　蜃気楼　74
じんぐうびりん　神宮備林　10
しんげん　森厳　11
じんざい　人材　62
しんぶ　榛蕪　21
しんらでん　森羅殿　11
しんらばんしょう　森羅万象　11

【す】

す　すみか　セイ　栖　78
す　ソウ　巣　79
すうき　枢機　75
すうじく　枢軸　75
すうみつ　枢密　75
すえ　うら　マツ　末　85
すえひろがり　末広がり　85
すぎ　サン　杉　36
すぎ　椙　36
すぎだち　杉立ち　36
すぎな　杉菜　36
すぎなり　杉形　36
すぎやき　杉焼　36
ずさん　杜撰　11
すだち　巣立ち　79
すだち　酢橘　43
ステッキ　洋杖　81
すむ　セイ　棲　78
すもも　リ　李　17

【せ】

せいざい　製材　62
せいせい　棲々　78
せいそく　棲息　78
せいようはこやなぎ
西洋箱柳　20
せっかん　折檻　65
セン　栓　59
せんだん　栴檀　35
せんのき　栓木　59

【そ】

そつぎょう　卒業　79
そでのしがらみ　袖の柵　64
そぼく　素朴　25
そま　杣　79
そまやま　杣山　79
そめる　しみる　セン　染　83
そり　キョウ　橇　59
そんぷうし　村夫子　78

【た】

だいこくばしら　大黒柱　68
だいだい　トウ　橙　43
たいまつ　松明　38
たかどの　ロウ　楼　74
たちばな　キツ　橘　43
たて　ジュン　楯　71
たな　ホウ　棚　63
たなおろし　棚卸し　63
たなだ　棚田　63
たなばた　棚機　58
たなびく　棚引く　63
たなぼた　棚牡丹　63
たのしい　ガク　ラク　楽　76
たば　つか　ソク　束　71
たばかぜ　束風　71
たぶ　たぶのき　椨　35
たまもく　玉杢　75
たも　梻　21
たら　ソウ　楤　51
たる　ソン　樽　60
たるかいせん　樽廻船　60
たるき　ずみ　カク　桷　69
たるまる　樽丸　60

かや　ヒ　榧　39
がら　え　つか　ヘイ　柄　73
からたち　キ　枳　42
かれさんすい　枯山水　53
かれる　コ　枯　53
かんかき　棺舁き　72
かんじき　わりご　ルイ　樏　59
かんしゃ　檻車　65
かんぼう　檻房　65
【き】
キ　ゴ　棋　71
き　こ　モク　ボク　木　09
き　ジュ　樹　53
きが　木香　09
きかい　機械　58
ききょう　桔梗　19
きくらげ　木耳　09
きけん　棄権　77
きこり　こる　ショウ　樵　79
きこり・しょうふ　樵夫　79
きっちゅうのたのしみ
橘中の楽しみ　43
きつつき　啄木鳥　09
きではなをくくる
木で鼻を括る　09
きね　ショ　杵　73
きび　機微　58
きやり　木遣　09
きゅうきょく　究極　76
ぎょうかい　業界　79
きょうざい　教材　62
きょえい　虚栄　83
きょこう　虚構　67
きょっこう　極光　76
きり　トウ　桐　29
きりょう　標致　81
きわみ　きわめる　きわまる
キョク　ゴク　極　76
きをみてもりをみず
木を見て森を見ず　09
ぎんなん　銀杏　17
【く】
くい　ヨク　杙　64
くい　コウ　杭　64
くうらん　空欄　67
くさび　セツ　楔　71
くさびをうちこむ
楔を打ち込む　71
くす　くすのき　ショウ　樟　34
くす　くすのき　ナン　楠　34
くすのきがくもん　楠学問　34
くだもの　果物　17
くちき　朽木　72
くちる　キュウ　朽　72
くぬぎ　いちい　レキ　櫟　33
くぬぎ　椚　33
くはい　苦杯　61
くぼて　葉椀・窪手　61
くり　リツ　栗　27
くる　きたる　ライ　来　85
くるる　とまら　とぼそ
スウ　枢　75
くろべ　黒檜　37
くわ　ソウ　桑　23
くわばらくわばら　桑原桑原　23
【け】
けいかしゅ　桂花酒　25
けいかん　桂冠　25
けいげつ　桂月　25
けた　コウ　桁　69
けたくり　桁繰り　69
けたちがい　桁違い　69
けっか　結果　17
けっこう　結構　67
けびいし　検非違使　63
けやき　キョ　欅　28
けやき　つき　キ　槻　28
ケン　ゴン　権　77
けんさ　検査　63
けんじゃく　検尺　63
けんしょう　検証　63
けんり　権利　77
けんりょく　権力　77
【こ】
ゴ　梧　29
コウ　校　62
こうえつ　校閲　62
ごうか　業火　79
こうし　格子　77
こうしゃ　校舎　62
こうせい　校正　62
こうぞ　チョ　楮　22
こうぼく　高木　09
こうり　行李　17
こうりょう　虹梁　69
ごうをにやす　業を煮やす　79
ごくい　極意　76
ごくさいしき　極彩色　76
ごくじょう　極上　76
ごくらく　極楽　76
ごくらくとんぼ　極楽蜻蛉　76
こずえ　うれ　ショウ　梢　53
こずえのとこ　梢の床　53
こずえのはる　梢の春　53
こだま　木霊・木魂　09
こち　東風　84
こねりがき　木練柿　45
こもだる　菰樽　60
こりきや　樵木屋　79
こんきょ　根拠　53
ごんげ　権化　77
こんじょう　根性　53
【さ】
ザイ　材　62
さいばい　栽培　79
さお　トウ　棹　81
さかえおとめ　栄少女　83
さかえる　はえ　エイ　栄　83
さかき　榊　12
さかさま　逆様　77
さかずき　ハイ　杯　61
さかばやし　酒林　10
さくてい　索梯　67
さくら　オウ　桜　15
さくらうお　桜魚　15
さくらがみ　桜紙　15

きへん 索引

【あ】
アーモンド　扁桃　16
あいづち　相槌　59
あおみかん　青蜜柑　42
あけ　シュ　朱　82
あけび　木通　18
あしび・あせび　馬酔木　18
あずさ　シ　梓　51
あすなろ　翌檜　37
あずまくだり　東下り　84
あずまごと　東琴　84
あぜくらづくり　校倉造　62
あべまき　セン　椪　33
あまのうきはし　天の浮橋　66
あらつゆ・あれつゆ　荒梅雨　14
あんがい　案外　80
あんず　キョウ　杏　17
あんない　案内　80
あんのじょう　案の定　80
あんばい　塩梅　14
【い】
いいぎり　イ　椅　63
いがぐり　毬栗　27
いかさま　如何様　77
いこう　衣桁　69
いしびつ　石櫃　72
いす　椅子　63
いた　ハン　バン　板　70
いたどり　虎杖　81
いたまえ　板前　70
いちがい　一概　61
いちじく　無花果　17
いちまいいわ　一枚岩　71
いちょう　公孫樹　52
いちようらいふく　一陽来復　85
いつざい　逸材　62
いまだ　まだ　ひつじ　ミ　未　85
いやさか　弥栄　83
【う】
うえる　サイ　栽　79
うえる　ショク　植　53
うおつきりん　魚付林　10
うしろだて　後ろ楯　71
うずらもく　鶉杢　75
うだつ　うだち　セツ　梲　69
うだつがあがらない
梲が上がらない　69
うちでのこづち　打出の小槌　59
うに　海栗　27
うばい　烏梅　14
うめ　バイ　梅　14
うもれぎ　埋れ木　09
【え】
えいが　栄華　83
えいこう　栄光　83
えいこせいすい　栄枯盛衰　83
えいよ　栄誉　83
えいよう　栄養　83
えだ　え　シ　枝　53
えのき　カ　榎　29
えんじゅ　カイ　槐　51
【お】
おうし　横死　65
おうしん　桜唇　15
おうち　レン　楝　35
おうちゃく　横着　65
おうばんぶるまい
椀飯振る舞い　61
おおむね　おもむき　とかき
ガイ　概　61
おがせ　麻桛　58
おかぶ　御株　53
おけ　トウ　桶　60
おけがこい　桶囲　60
おばしま　てすり　ラン　欄　67
おふだ　御札　70
おぼつかない　覚束ない　71
おり　カン　檻　65
おんばしら　御柱　68
【か】
がいかん　概観　61
がいきょう　概況　61
がいすう　概数　61
かいていりん　海底林　10
がいりゃく　概略　61
がいろん　概論　61
かえで　もみじ　フウ　楓　46
かかし・かがし　案山子　80
かがみいた　鏡板　70
かき　シ　柿　45
カク　コウ　格　77
かくう　架空　80
かくげん　格言　77
かくしき　格式　77
かくだん　格段　77
かぐら　神楽　76
かけはし　架橋　80
かけはし　サン　桟　67
かけひ　懸樋　59
かける　かかる　たるき
カ　架　80
かし　樫　35
かし　キョウ　橿　35
かし　ショ　櫧　35
かじ　ビ　梶　22
ガジュマル　榕樹　53
かしわ　ハク　柏　32
かしわ　コク　槲　32
かせ　桛　58
かせ　カイ　械　58
かぜがふけばおけやがもうかる
風が吹けば桶屋が儲かる　60
かちぐり　搗栗・勝栗　27
かつお　松魚　38
かっこう　格好　77
かつら　ケイ　桂　25
かつらむき　桂剥き　25
かば　かんば　カ　樺　50
かぶ　くい　くいぜ
シュ　株　53
かほう　果報　17
かぼく　花木　09
かまえる　かまう　コウ　構　67
かまち　キョウ　框　69
かみだな　神棚　63
かめかん　甕棺　72

「新版 北海道の樹」(辻井達一・梅沢俊・佐藤孝夫著/北海道大学図書刊行会)
「図解 古建築入門−日本建築はどう造られているか−」(太田博太郎監修 西和夫著/彰国社)
「杉のきた道—日本人の暮しを支えて」(遠山富太郎著/中央公論新社)
「続・日本の樹木 —山の木、里の木、都会の木」(辻井達一著/中央公論新社)
「探究「鎮守の森」−社叢学への招待−」(上田正昭編/平凡社)
「定本和の色事典」(内田広由紀著/視覚デザイン研究所)
「どんぐり見聞録」(いわさゆうこ著/山と溪谷社)
「日本国語大辞典」(小学館)
「日本人はるかな旅 3海が育てた森の王国」
(NHKスペシャル「日本人」プロジェクト編/日本放送出版協会)
「日本年中行事辞典」(鈴木棠三著/角川書店)
「日本の樹木−都市化社会の生態誌」(辻井達一著/中央公論社)
「日本の美林」(井原俊一著/岩波書店)
「日本の森大百科」(姉崎一馬著/TBSブリタニカ)
「日本有用樹木誌−カラー版−」(伊東隆夫・佐野雄三・安部久・内海泰弘・山口和穂著/海青社)
「日本歴史大事典」(小学館)
「野山の樹木」(姉崎一馬著/山と渓谷社)
「花と木の漢字学」(寺井泰明著/大修館書店)
「花の日本語」(山下景子著/幻冬舎)
「檜」(新建新聞社出版部)
「普及版 新訂字統」(白川静著/平凡社)
「北海道樹木図鑑」(佐藤孝夫著/亞璃西社)
「松−マツ・カラマツ−」(新建新聞社出版部)
「万葉集に歌われた草木」(猪股静弥著 大貫茂写真/冬至書房)
「恵みの森 癒しの森」(矢部三雄著/講談社)
「森の不思議 森のしくみ」(福嶋司著/家の光協会)
「森を読む」(大場秀章著/岩波書店)
「山渓カラー名鑑 日本の樹木」(林弥栄編/山と渓谷社)
「和の彩りにみる色の名の物語」(木村孝著 世良武史写真/淡交社)

※その他、さまざまな書籍、資料等からヒントをいただきました。

参考文献［五十音順］

「伊勢神宮－知られざる杜のうち－」(矢野憲一著／角川学芸出版)

「イチョウ」(今野敏雄著／法政大学出版局)

「梅 Ⅰ」「梅 Ⅱ」(有岡利幸著／法政大学出版局)

「旺文社 国語辞典」(松村明・山口明穂・和田利政編／旺文社)

「角川 新字源」(小川環樹・西田太一郎・赤塚忠編／角川書店)

「漢字の話 下」(藤堂明保著／朝日新聞社)

「木－なまえ・かたち・たくみ－」(白洲正子著／平凡社)

「木と日本人－木の系譜と生かし方－」(上村武著／学芸出版社)

「木のいのち木のこころ 天」(西岡常一著 塩野米松聞き書き／新潮社)

「木の癒し」(ギーゼラ・プロイショフ著 小川捷子訳／飛鳥新社)

「木の名前」(岡部誠著／日東書院)

「木の名前－由来でわかる花木・庭木・街路樹445種－」(岡部誠著／婦人生活社)

「樹の日本史」(新人物往来社)

「樹寄せ72種+3人とのエコ・トーク」(栗田亘著／清水弘文堂書房)

「櫛の文化史」(太刀掛祐輔著／郁朋社)

「暮らしのことば 新 語源辞典」(山口佳紀編／講談社)

「原色樹木大図鑑」(林弥栄・古里和夫・中村恒雄監修／北隆館)

「現代漢字語事典」(阿辻哲次・釜谷武志・林原純生著／角川書店)

「工芸の博物誌－手わざを支える人ともの－」(日本工芸会近畿支部編／淡交社)

「広辞苑」(第五版／岩波書店)

「紅葉・落ち葉・冬芽の大研究－さまざまな色と形 葉のひみつをさぐろう！－」
(星野義延監修 飯村茂樹写真 岡崎務文／PHP研究所)

「語源辞典 植物編」(吉田金彦編著／東京堂出版)

「字通」(白川静著／平凡社)

「自分で採れる 薬になる植物図鑑」(増田和夫監修／柏書房)

「植物記」(牧野富太郎著／筑摩書房)

「植物ごよみ」(湯浅浩史著／朝日新聞社)

「植物と行事－その由来を推理する－」(湯浅浩史著／朝日新聞社)

「植物の漢字語源辞典」(加納喜光著／東京堂出版)

「新潮日本語漢字辞典」(新潮社)

［関連書籍］

「季節のことば」春夏秋冬　全4巻

野呂希一／写真・文　池藤あかり／文
各1800円（税別）
A5判　96頁　オールカラー　上製本

春夏秋冬の移ろい豊かな日本の風景と、それぞれにふさわしいことば約500選を配した季節の旅を巡るシリーズ。

「さんずい」「くさかんむり」

野呂希一／写真・文　池藤あかり／文
各1800円（税別）
A5判　96頁　オールカラー　上製本

部首別に写真で見る文字図鑑。

きへん

発行日　2013年3月27日 第1刷

写真・構成　野呂希一

文　池藤あかり

装丁・デザイン　乾山工房、吉田貴昭

印刷　株式会社 サンエムカラー

製本　新日本製本株式会社

発行者　日下部忠男

発行所　株式会社 **青菁社**
〒603-8053 京都市北区上賀茂岩ヶ垣内町89-7
TEL075-721-5755 FAX075-722-3995
振替 01060-1-17590

ISBN 978-4-88350-162-5 C0672